KB005559

영재학교, 서울대에 간 쌍둥이와 아빠표 교육

아이들은 어떻게 열공하고 꿈을 키웠을까?

프롤로그

　5~6년 전, 사랑하는 쌍둥이 아들이 서울대 대학입시에 합격하고 여러 군데서 축하 전화를 받았었다. 그도 그럴 것이 영재학교에 쌍둥이가 나란히 입학한 경우도 특이한 케이스인데 서울대마저 동시에 합격했으니 언론이나 방송에 나올 법한 일이었다.

　친한 이웃이나 지인, 가족 친척들은 언론이나 방송사에 제보해 알리라고 권했는데 당시 나는 주저하지 않고 조용히 지내기로 마음을 정했다.
　공부 좀 잘하는 아이로 키웠다고 유세 떠는 모양새도 좋지 않았지만, 무엇보다 아이들이 이슈의 중심에 서는 것을 매우 조심스럽게 생각했다. 귀하게 키운 아이들이 혹시나 나의 실수로 구설수에 휘말리지는 않을까 하는 염려로 주위의 축하하는 마음은 고맙게 받아두고 평범한 일상에서 소소하게 행복과 보람을 느끼며 지냈다.

　그렇게 시간은 흘러 아이들도 이젠 대학원생으로서 반쯤 사회생활을 하는 2023년 여름에 문득 나의 교육 철학을 정리해서 후배 엄마 아빠들에게 알려주면 어떨까 하는 생각이 들었다. 그리 멀지 않은 과거에 아이들을 키워 왔던 나의 소소한 마음가짐과 생각, 그리고 교육 철학이 전쟁터를 방불케 하는 초등, 중등 아이들의 교육과 입시대응에 전념하고 있는 후배 엄마 아빠들에게 작으나마 도움이 될 것 같았기 때문이다. 물론 나의 아이들이 이제는 다 자라 마음의 여유가 생겼기 때문이기도 했다.

이런 생각으로 나는 큰 기대 없이 네이버 카페(대한민국 상위 1% 교육정보 커뮤니티)에 '알힘이'라는 필명으로 첫 글을 올렸다. 그런데 생각 이상으로 내 글에 많은 댓글과 좋아요, 응원의 글, 공감한다는 말, 감사의 글들이 쏟아졌다. 나는 이런 반응에 힘입어서 한 주제씩 1~2주 간격으로 글을 써 올렸고, 가을쯤 되어서 그간 쓴 글이 어느덧 19개 정도에 이르렀다.

특히 내 글에 대한 반응 중 카페 글에 머물지 말고 책으로 출간하여 아이들 교육에 필요한 지침서와 같은 역할을 해주면 좋겠다는 격려의 댓글에 나는 큰 용기를 얻었다. 별생각 없이 글을 올렸던 나로서는 내가 조금이나마 후배 학부모들에게 봄날의 햇살과 같은 작은 도움이 될 수도 있겠다는 다소 희망적인 생각을 하게 되었고, 이 책의 출간으로 이어졌다.

(성심성의껏 댓글을 주신 분들께 보답하는 의미로 책에 BEST 댓글란을 마련하여 실었다.)

오늘도 어렵고 힘들게 아이들을 키우는 이 시대 엄마 아빠에게 이 책이 햇볕 한 줌 만큼의 도움이 된다면, 정말이지 내 인생의 커다란 기쁨과 또 벅찬 보람으로 남게 될 것 같다.

본문 글에서도 여러 차례 얘기하지만, 나와 아내, 쌍둥이 모두 그렇게 특별하거나 특출한 뭔가를 가지고 있는 사람들이 전혀 아님을 다시 한 번 밝힌다. 다만 지금과 같은 행운은 오늘의 삶에 감사하며, 하루하루 성실하게 최선을 다하는 일상을 보내다 보면 주어지는 '작은 선물'이라고 생각한다. 그리고 그 선물 포장지 안에 과연 무엇이 있는지는 아직도 여전히 진행형인 것도 사실이다.

마지막으로 나를 세상에 있게 해주신 존경하는 부모님, 그리고 형님, 두 누님께 늘 감사드리며, 무슨 일이 있더라도 항상 옆에서 응원해 주는 아내와 자유로운 방목에도 잘 자라준, '진정한 이 책의 주인공'인 쌍둥이 아들에게 진심으로 고마운 마음을 전한다.
아울러 14년 넘게 동고동락을 같이한 반려견 장군이도 건강하게 우리 곁에 좀 더 머물러 있길 바란다.

2024년을 열며
알힘이

1 공부 머리는 타고 나는 것이다(?)

아마 이 말부터 하면 아랫글은 읽지도 않을 듯하다. '영리하게, 머리 좋게 태어나서 영재학교 서울대 보낸 다른 세상 사람들, 남들 이야기라고…'

하지만 아니다. 여기서 말하는 공부 머리는 만들어지는 타고남이다.

아이들이 어렸을 때 부모가 착각하는 게 한 가지 있다. 우리 애가 특정 분야에 유난히 특별하고 똑똑해 보이고 뭔가 영재성이나 천재성이 있어 보인다는 것이다. 대부분 돌이켜 보면 그런 것 같기도 하다. 그런데 초등학교에 가거나 특히 중학교 입학 즈음 사춘기에 접어들면 바로 세상에 둘도 없는 '웬수'로 변하게 된다.

왜 이런 일이 벌어질까? 앞에서 얘기한 착각은 착각이 아니다. 부모가 어렸을 때 보았던 것이 실은 직관적으로 맞는 것이다. 모든 아이들은 그들만의 독자적인 재능을 가지고 태어난다. 그것이 수리학적인 재능이든, 예술적인 재능이든, 신체적 능력, 또는 문학적인 재능이든지 간에. 그러나 어렸을 때 떡잎에서 보였던 그러한 능력이나 감각들이 해를 거듭할수록 무뎌지고 약해지면서 그저 그런 평범한 아이로 자라게 되는 것이다.

특히 우리나라처럼 공동체주의가 강조되고 남들과 비교되는 것을 싫어하고 대세에 맞춰가는 것이 미덕인 나라에서는 더더욱 그러한 현상이 일반적으로 진행된다.

애들이 영재학교에 입학했을 때 주위 사람들이 물어본다. 수학 과학을 어떻게 그렇게 잘할 수 있냐고? 어디 학원을 보냈느냐고, 또는 어떤 학습지를 보게 했냐고, 혹시 고액 과외 같은 거로 입시를 준비했냐고 등등….

일단 질문 자체가 틀렸다고 생각한다. 만약 내가 질문을 했다면 "수학이나 과학 같은 과목을 애가 좋아하고 즐길 수 있는 환경을 어떻게 마련해 주었는지?"라고 했을 것이다.

쌍둥이들이 어렸을 때, 나는 책이나 학습지, 문제집 등을 통해 문제를 해결하는 능력을 키우는 것보다는 자연에서 호기심을 발견하고 문제를 연상하고 또 답을 내게 하는 데 더 집중했다.

주말에는 항상 산으로 들로 다니면서 자연을 즐기고 등산이나 트래킹으로 시간을 보냈다. '푸른 바다와 수평선을 보면서 세상의 끝이 어디일까'라는 막연한 공상이나 캠핑을 하면서 밤하늘에 수많을 별들을 보며 꿈을 키우게 하고, '우주는 너무나 넓고 세상은 참 다양하구나' 하는 상상을 키울 수 있는 장치들을 많이 제공해 주었다.

수학이나 과학은 결국 세상의 이치나 자연의 섭리를 이해하고 파악하고 응용하는 것과 다름이 없다. 종이에 적힌 수식이나 공식을 암기하고 계산하고 연산한다고 해서 수학자나 과학자가 될 수는 없듯이 말이다.

꽃을 보면서 피보나치 수열이 어떻게 적용되는가를 알게 되고 놀이공원에서 급속도로 하강하는 신나고 재미있는 놀이기구를 타면서 미분 방정식이 어떻게 응용되는지를 알게 되는 것이다. 놀다가 즐기다가 호기심이 생기고 그러한 호기심은 누가 뭐라고 해도 내가 꼭 알고 싶어 하는 하나의 과제가 되기도 한다.

이렇게 타고난 재능이 있는 아이들에게 마중물 역할을 할 수 있는 약간의 물을 넣어주는 것이 부모의 역할이다.

'줄탁동시'[啐啄同時]라는 말이 있다. 어미닭이 알을 품고 있다가 때가 되면 병아리가 안에서 껍데기를 쪼개 되는데 이것을 '줄'이라 하고, 어미닭이 그 소리에 반응해서 바깥에서 껍데기를 쪼는 것을 '탁'이라고 한다.

여기서 명심해야 할 점은 새끼와 어미가 동시에 알을 쪼지만 결코 어미가 새끼를 나오게 하는 것은 아니라는 것이다. 아이들을 사랑하고 챙겨야 한다는 조급한 마음으로 너무 과하게 껍데기를 깨면 아이가 다치거나 혼자서 나오는 방법을 배우지 못할 수도 있다.

그럼 과연 부모에겐 무엇이 필요할까? 우선 애정을 가지고 아이를 잘 관찰하는 게 필요하고 타이밍을 맞추려면 알이 보내는 신호를 잘 들어야 한다. 이게 정답인데, 말처럼 쉽지가 않다.

소위 자식 농사에 성공한(?) 아빠로서, 여기저기 학부모 상담을 하다 보면 결국 애들의 문제는 거의 없고 십중팔구가 부모의 여러 잘못된 형태로 인해 빚어진 결과라는 생각이 든다.

예술적으로 감수성이 깊고 상상이 풍부한 애들을 방에 가두어 놓고 허구한 날 수학 학습지 교육을 강제로 시키면 어떻게 되겠는가?

수리 과학적으로 뛰어나고 독립적이고 세심한 아이한테 자꾸 모난 돌이 정을 맞는 법이니 세상에 수긍하면서 옆 사람과 잘 지내면서 평범한 인생을 강요한다면 그러한 영재가 제대로 성공할 수 있겠는가?

신체적으로 타고난 재능을 가지고 있는 아이들은 그나마 그 재능이 몸으로 드러나기 때문에 여러 체육 방면으로 조기 지도가 가능할 수도 있는데 그것도 지속적인 관심과 지원이 필요한 법이다.

우리나라의 공교육 제도의 가장 큰 문제점은 유년기 시절에 타고난 재능을 키워주는 방향이 아니라 하향 평준화하여 깎아내리는 데 있다. 그러나 교육정책이 이미 30년 넘게 지속이 되어 오고 있어 앞으로도 희망을 갖기는 어려울 것 같다. 한 통계조사에 의하면 수학을 잘하는 것에 재능(수학 머리)과 노력 중에 어떤 것이 더 중요하냐는 질문에 미국인은 25%가 노력하면 할 수 있다고 답했고 한국사람들은 70% 이상이 노력하면 수학도 잘할 수 있다고 했다고 한다.

우린 스스로가 어떤 재능이 있는지 파악하기 위해서 노력을 해 봐야겠지만 최선을 다했는데도 실패했다면 그것은 재능이 없다는 것이 분명하기 때문에 용기 있게 포기할 수도 있어야 한다. 그런 과정을 거쳐 자신이 잘하고 좋아하는 재능을 발견해서 그곳에 노력을 집중한다면 그 분야에서 최고의 위치로 도약할 수 있다고 본다.

요즘 핫한 오은영 박사의 교육 육아 관련 콘텐츠를 보면서 느낀 점이라면 어릴 적 타고난 재능을 오히려 부모가 억누르고 방해하고 무시하는 것이 가장 큰 문제라는 것을 매번 느낀다.

자, 그럼 아이들을 키우는 아빠로서 과연 무엇을 할 것인가?

⭐

"쌍둥이들이 어렸을 때, 나는 책이나 문제집 등을 통해 문제를 해결하는 능력을 키우는 것보다는 자연에서 호기심을 발견하고 문제를 연상하고 또 답을 내게 하는 데 더 집중했던 거 같다."
이 구절이 참 마음에 듭니다^^

⭐

저도 저희 애들을 자연에서 키웠어요. ^^ 자연은 최고의 스승이라는 생각에 지금도 항상 자연을 곁에 두고 있습니다. 다른 집 아이들이 게임 하는 시간에 저희 아이들은 땅에 코를 박고 하늘을 올려다보며 자연물과 놀아요. 하지만 만물의 이치를 깨닫는 순간이라 생각해 행복합니다. 제 생각이 틀리지 않은 것 같아 너무 반가운 글이네요. 앞으로도 좋은 글 부탁드립니다. 감사합니다.

2 영재로 자라나는 아이들과
아빠의 역할, 그리고 자격

명문대 진학을 위해 필요요소 세 가지가 있다고 한다. 엄마의 정보력, 아빠의 무관심, 그리고 할아버지의 재력. 일견 일리 있는 말일지 모르지만 적어도 내가 주위에서 알고 있는 영재들의 아빠는 전혀 무관심하지 않았다. 오히려 엄마의 역할 기여도보다는 아빠의 기여도가 영재성을 키워주는 데 더욱 큰 작용을 한다.

　〈파더 쇼크〉라는 방송에서 아동 발달 전문가 이영환 교수는 "엄마는 정서적이고 언어적인 상호작용을 하는 반면에 아빠는 굉장히 도전적이고 적극적이고 신체적인 놀이를 한다"라고 분류하고, "그래서 엄마와 아빠가 아이의 양육에 둘 다 참여할 때 아이의 경험 폭은 넓어지고 아이는 정서적, 인지적으로 훨씬 더 유리할 수밖에 없다"라고 말하면서 아빠 역할의 중요성을 강조하였다.

　네이버 카페에서 주로 활동하는 학부모 대부분은 아마도 엄마일 것 같다. 그만큼 엄마들은 자식 공부에 지극정성이다. 생활지도에서부터 학원 커리큘럼, 학습교재, 전문가 상담, 정보교환 등등 엄마들은 교육에 거의 올인하면서 자식들을 키우고 있다. 다만 아이들은 이러한 엄마의 역할과 더불어 아빠의 조력이 필요하다.

　쉽게 말해 아이를 영재로 키우는 데 100이라는 성과목표가 있다고 하고 엄마의 역할 50과 아빠의 역할 50으로 나눈다고 보면 대부분 엄마는 47 이상에서 큰 변별력 없이 분포되지만, 아빠들은 거의 낙제점부터 만점까지 다양한 점수가 분포한다. 그래서 엄마가 아무리 노력해도 100점에서 한참 모자란 70~80에 머무르는 경우가 허다하다.

우리 아빠들은 바쁘다. 애들 초등 중등 때 대부분의 아빠는 회사에서 중간 관리자로서 위에서는 내려치고 아래에서는 들이받는, 그야말로 정글 아닌 정글에서 살고 있다.

나도 그랬다. 애들이 초등에서 중등으로 가는 40대 초중반에 회사 끝나고 집에 가면 쉬고 싶었고, 주말에는 아무것도 안 하고 드러눕고 자고 싶었던 시절이었다. 그러나 자라날 쌍둥이들의 꿈과 미래를 위해 아빠로서 딱 세 가지만 지키자고 노력했었다.

첫째, 퇴근 후 애들과 1시간이라도 무엇을 하며 놀까 고민해서 작게라도 실천하는 것이었다. 매일 오후 4시에 알람을 맞추고 그 시간에 10분 정도만 할애해서 애들과 같이할 일을 고민했다. "그래 오늘은 일찍 나서서 에버랜드 야간개장이라도 같이 가자", "오늘은 4명이 루미큐브 게임을 하자", "오늘은 삼겹살 파티하면서 즐겁게 지내자." 등등.

둘째, 자기 전에 간단하게 5분 정도만 오늘 하루에 대해서 가볍게 이야기하면서 네가 무엇을 하든지 어디에 있든지 아빠는 너희를 항상 사랑한다고 속삭이며 한 20초 정도 가슴속 깊이 꼭 안아주는 것이었다.

우리 쌍둥이도 중학교 2학년 되니 아니나 다를까 소위 말하는 '중2병'이 생겼다. 그러나 유치원을 지나 초등학교 저학년부터 매일매일 아빠의 체온을 느끼며 "소중한 ○○아 잘 자라"는 인사를 해온 아빠와의 관계가 중학생이 되는 1월 1일부터 갑자기 확 달라지겠는가?

그렇다. 사춘기는 누구나 다 오지만 그 기간을 온전히 잘 견디어 내기 위해서는 정서적인 교감이 최우선이다.

마지막으로 퇴근 후에 아내랑 같이 작은 집안일이라도 함께하는 것이었다. 청소든 빨래정리든, 설거지든 간에 소소한 가정사를 함께 하면서 부부간에 서로 존중하고 존경하는 모습을 보면서 자라는 아이는 정서적으로 안정감이 있는 것은 당연한 이치이다.

요즘 초등학교 교사의 성비가 8:2 정도 된다고 한다. 즉 여자 선생님 여덟에 남자 선생님은 두 명 남짓이다. 아동기에 일과 중 대부분의 시간을 보내는 초등학교의 많은 부문에서 여자 선생님의 지도만 받고 자라고 있다. 그것이 학습적인 것이든 혹은 정서적인 것이건 생활적인 것이건 간에 말이다.

이것이 문제라고는 볼 수 없지만, 학습적이든 정서적이든 사람이 온전하게 완전체로 자라기 위해서는 남성성과 여성성이 고루 분포되는 환경에서 자라는 것이 좀 더 좋은 방향인 것은 누구나 다 아는 사실이다.

미국 노스캐롤라이나 대학에서 조사한 연구에 의하면, 아이의 두뇌

발달은 엄마보다 아빠의 영향을 많이 받고 특히 아빠가 아이에게 다양한 언어를 사용하며 신체적 물리적으로 놀아준 경우에는 언어 발달이 더욱 좋았다는 검사 결과도 있다.

그러나 현 교육제도나 정책 환경이 이러한 균형 잡힌 교육 환경으로 바뀌도록 기다릴 수는 없다. 이러한 결핍을 가정 내에서라도 보완하기 위해서는 아빠의 역할이 더더욱 크다고 본다.

아이들은 그날 학교에서 배운 것을 누군가에게 자랑하고 싶거나, 아니면 모르는 것을 물어보고 싶거나 또는 엄마 아빠의 반응을 궁금해하기도 한다. 호기심이 많은 시기이기 때문이다.

미국의 행동과학 연구소(NTL)에 따르면 주입식 강의와 문제풀이는 단 5% 정도의 학습효과를 가져오지만 자기가 이해한 것을 직접 가르치고 말로 설명해서 상대방을 이해시키면 90% 이상의 학습효과가 있다고 한다.

듣기(5%), 읽기(10%), 시청각 수업 듣기(20%), 시범강의 보기(30%), 집단토의(50%), 실제 해보기(75%), 말로 설명하고 가르치기(90%) 다시 말해 교사 중심의 주입식 강의와 학생 중심의 자기 주도적 학습은 크나큰 학습효과 차이를 보인다.

영재성의 4대 역량을 '창의성, 의사소통, 협력능력, 비판적 사고능력' 이렇게 분류한다고들 하는데 결국 수동적인 학습보다는 능동적으로 자기만의 언어로 이해하고, 체화하고, 사고해서, 상대에게 전달하는 것까지

할 수 있으면 소위 말하는 메타인지 능력을 키워서 영재성을 키우는 데 큰 역할을 한다고 생각한다.

여기서도 아빠의 역할이 꽤 중요하다. 아빠는 오늘 엄마랑 같이 '어린 쌍둥이 선생님'에게 수학을 배우러 온 '학생'이 되는 것이다. 일종의 '역할놀이'를 하듯이 잘 모르겠다는 질문도 하고 좀 더 알기 쉽게 설명해달라고 떼도 쓰면서 아이들이 자신들의 방식으로 이해한 수학적 과학적 원리를 가르쳐 주는 놀이를 하다 보면 아이들은 더욱더 공부에 흥미를 느끼면서 "앞으로 더 엄마 아빠한테 재밌고 알기 쉽게 가르쳐 줘야지" 하면서 자긍심과 자존감이 커지게 된다.

아울러 수학이나 물리학이 공식을 암기하거나 연산하거나 하는 과목이 아닌 나의 호기심을 자극하는 일종의 '놀이'가 되어 아이는 늘 가까이 머무르게 된다.

돌이켜 보면 나도 혈기 왕성한 시기에는 애들한테 뭔가를 넣어보려고 했던 거 같다. 세상이 힘들고 정글인데, 아이들은 아빠처럼 살면 안 되니 '이건 안되고 저것이 좋고'라고 이분법으로 애들을 대했는지도 모르겠다. 그러나 육아와 교육의 핵심은 내가 괜찮은 아빠가 되면 자연스럽게 애들이 따라 하게 된다는 것이고 이것을 나도 비교적 최근 들어서야 알게 되었다.

SBS 〈영재발굴단〉 '영재 교육법'으로 유명한 이상화 님은 우리나라 아빠들은 자녀들과 평균 6분밖에 대화를 나누지 않고 남은 시간 대부분을 아이들이 학원에서 보내게 하며 위안으로 삼는다. 반면 '후천적 영재'가 많이 나오는 유럽의 경우 아이들은 평균 6시간 이상을 아빠와 함께 보내고 있다고 지적한 바 있다.

결국, 부모가 시간을 번갈아가며 아이에게 투자해 최대한 아빠가 아이와 함께하는 시간을 마련하는 것이 중요하다는 의미일 것이다.

오늘도 회사에서 밤낮없이 일하면서 토끼같이 귀여운 아이들과 여우같이 사랑스러운 아내를 위해 헌신하는 아빠들을 응원한다. 조금만 더 힘내시길!

★

공감합니다.

주위에 보면 어렸을 때부터 아빠가 자주 여행도 데리고 다니고 학교 행사에
도 다니고 하는 아이들이 학습적인 부분에서 성취도가 높더라고요.

★

너무 훌륭한 아버님이시네요. 저도 둥이맘이자 워킹맘이라서 애들이랑 놀
아주기가 넘 피곤하고 애들이 커갈수록 뭐를 하고 놀아야 할지 모르겠더라
고요. 워낙 노잼인 성격이라 ㅎㅎ 글을 무척 잘 쓰시네요. 하트가 한 번밖에
안 눌려서 아쉽습니다. 잘 읽었습니다. 좋은 글 감사합니다.

└ 답글 : 말씀 감사합니다. 저도 그렇게 키우고 있다고 믿고 있는데, 글쎄
요 아이들이 아빠를 어떻게 생각하고 있는지 궁금하네요. 일단 너무 밀어
붙이지 말고 힘을 좀 빼야겠다는 느낌을 강하게 받았습니다. 감사해요.

★

아이와 밤에 가끔 누워 얘기합니다. 요즘 사춘기인 듯하지만 그 시간 속 얘
기를 해주는 아이에게 고맙기도 하고 저에게도 소중한 시간이에요.

3 게임에 미친 아이들을
과연 어떻게 해야 할까?

게임 중독 그리고 문해력의 중요성

요즘 유튜브 수많은 콘텐츠와 서점에 쌓여 있는 육아 교육 관련 서적에서 항상 다루는 단골 메뉴는 우리 아이들의 '게임중독'이나 휴대폰 중독일 것이다. 심지어 대학 박사 논문도 수두룩하다.

　　이런 문제는 한두 해 겪는 일이 아니라서 육아전문가, 교육전문가, 정신과 상담 의사, 심리학 교수 등등 각계각층의 전문적 식견을 지닌 사람들이 자기 나름대로 대안과 해법을 제시하고 있다. 오은영 박사의 〈금쪽이〉 프로그램에서 대여섯 편 이상 다룬 주제인 만큼 육아나 교육에 있어서 반드시 해결해야 할 과제이며 넘어야 할 산인 것 같다.

　　그러나 솔직히 말해 나는 그러한 전문가들조차 정작 '자기 자식들의 중독문제를 잘 해결했는지?' 의구심이 든다. 해결방안이라고 제시한 걸 보면 게임 시간 정하기, 기록 남기기, 일정한 장소에서 하기, 다른 놀이 찾기, 등등이 있는데 막상 실제 닥쳐서 실천하려고 하면 안 되는 게 대부분이다. 마치 자칭 부동산 전문가들은 여기저기 차고 넘치는데 실제로 돈 버는 사람이 그리 많지 않은 것과 같은 현상이다.

　　너도나도 나름의 해법은 있지만 정작 명확한 해결방안과 정답을 찾기가 쉽지 않은 이유는 '게임중독'이라는 것을 부모와 아이들 모두가 행복하게 해결하기는 너무나도 힘들고 지난한 노력이 필요한 일이기 때문이다.

김평범 님(예명)의 『어쩔 수 없이 허락했는데 어느새 게임중독』이라는 책을 보면 아들 세 명을 키우는 아빠의 게임중독과의 '사투'가 그야말로 적나라하고 생생한 증언으로 담겨있다. 심지어 게임회사를 '가정파괴범'이라고 지칭할 만큼 날것 그대로의 진심이 표현되어 있다. 또한, 피상적으로 교과서적인 해결책을 제시하는 소위 전문가들의 해결책도 큰 도움이 되지 않는다고 하소연했다.

실은 나도 비슷한 생각이 들었다. 앞에서 말했듯이 대체로 전문가들의 해결책 중 가장 많은 것이 '규칙'을 정해서 게임 시간을 컨트롤하고 애들이 책임감 있게 지키도록 하는 것이다. 하지만 결국 '모든 규칙은 어기라고 있는 것'이고 실제 생활에서 실행을 해보면 아마도 일주일 이상 지속하긴 어려운 것들이다.

책의 마지막 결론에서는 "처음엔 잘 알아서 할 것이라고 했는데 대부분 잘 안되었다. 하지만 3년이 지나 드디어 게임 세계에서 다시 돌아왔고 부모는 결국에 가서는 기다려 주고 믿어줘야 한다. 그게 다였다. 하지만 그 시간은 너무나 괴롭고 힘들 수 있다"였다. 충분히 공감이 가는 말이었다.

그렇다면 도대체 우리 아이들은 왜 게임에 빠지게 되는 걸까? 내가 보기에 게임은 습관적으로 굳어지기에 매우 매력적이고 이에 알맞은 3박자를 고루고루 갖추고 있다.

첫째, 피드백과 보상이 명확하다. 어느 레벨이 되면 거기에 따른 나의 지위는 모두가 인정을 해주고 누가 뭐라 해도 내 것에 대한 확실한 보상이 주어진다. 현실처럼 거짓이나 위선이 없다.

둘째, 특히 요즘 게임은 협업을 통해서 수행하도록 패러다임을 구성해 놓았기 때문에 그 안에서 오래오래 머물면서 집단 내에서 소속감과 책임 감을 느껴서 그러한 환경을 박차고 빠져나오기가 여간해서는 쉽지 않다. 그래서 게임 도중에 엄마가 방해라도 하려고 하면 예민해지고 한바탕 난 리가 나는 것이다. 아마도 많은 엄마들이 한두 번 겪어본 잊고 싶은 경험 일 것이다.

어린 시절에 또래 집단과 준거집단에서의 아이들의 위치를 엄마 아빠는 명확히 이해해야 한다고 본다. 사춘기는 의존적인 관계에서 독립적인 관 계로 나아가는 단계이며 이러한 또래 집단 내에서 체면과 자존감은 반드 시 지켜나가야 할 만큼 중요한 가치일 수도 있음을 인정해 주어야 한다.

마지막으로 현실과는 달리 혹시 망하거나, 죽거나 패배하거나 실패해 도 다시 시작할 수가 있다는 것이다. 현실에서 받아들여지지 않았던 일 들이 게임 세상에서는 아름답게 펼쳐져 있어서 여기에 대한 메리트를 대 체할 만한 것을 찾기가 어렵다. 특히 최근 3년 동안 팬데믹 시즌에 걸쳐 이러한 현상들이 더더욱 공고히 형성되었다.

이렇게 감정을 유혹하고 자극하는 매력적인 도구가 대한민국 가정에 1 대씩은 반드시 있는데 이것을 하지 말라고 하는 게 쉬울까? 아파트 단지 에 적어도 2~3개씩 피시방이 널려 있는데 말이다.

'이성은 감정의 노예다.' 내가 칸트 다음으로 좋아하는 데이비드 흄이라는 영국의 경험주의 철학자의 말이다. 감정은 습관으로 움직인다. 대부분의 어른들도 감정을 먼저 앞세우고 사는데 한창 반항하는 사춘기 애들이 이성적으로 게임을 중단할 수 있다고 생각하는 것 자체가 어불성설이다.

잠깐 우리 애들 얘기를 해보자. 둘 다 공히 중학교 1학년 시작하자마자 '롤' 게임(리그오브레전드)을 시작하고 메이플 게임도 보조로 하기 시작했다. 심지어 큰놈은 당시 셧다운제를 피해서 나의 인터넷 로그인 정보를 도용하여 밤새 게임을 하다가 결국 월간 게임요금 내역서에 걸려서 나한테 호되게 야단을 맞은 적도 있다.

10년이 지난 일이지만 요즘도 얘들은 여전히 게임을 즐기고 있다. 그런데 중독이 아니고 가볍게 즐기는 느낌이다. 대학교를 올해 졸업하고도 아직도 하는 거 보면 게임을 끊는다는 것은 아예 불가능하다는 생각을 하게 된다.

그 당시에 나도 심각성을 인지해서 상담도 받고 책도 보고 유튜브 영상도 보면서 해결 방법을 찾았던 것 같다. 그러나 고민 끝에 정한 나의 정답은 "게임중독을 해결하는 왕도는 없다"였다. 그렇다고 아이들을 나 몰라라 포기하거나 방치하고 그냥 방임하지는 않았다.

내가 정한 나름의 해법은 애들이 일상에서 게임 외에 별도로 다양한 루틴을 마련하도록 지속적으로 지원하고 항상 아이들을 믿고 여유를 가지고 긴 호흡으로 기다리는 것이었다. 다시 말해 명확한 역할을 줌으로써 방과 후 모든 시간을 게임으로 도배하는 것을 조금이라도 방해(?)했다.

예를 들어서 "너의 건강(특히 눈 건강)을 챙기기 위해서 반드시 필요한 운동도 1시간씩 하고" 또 "학생의 본분을 지키기 위해서 반드시 최소한에 필요한 예습 복습도 1시간씩 하고", 그리고 "가족 공동체의 행복을 위해 엄마랑 아빠랑 같이 보드게임이든 영화든 대화든 1시간씩을 꼭 같이 하고" 또한 "새 나라의 어린이는 일찍 자고 일찍 일어나야 하니 11시에는 꼭 자고 6시~7시 사이에는 일어나는 것을 지키라고" 하면서 게임 시간을 조금씩이라도 줄여나갔다. 그러나 애들은 잠을 줄여 가면서도 결국 게임을 하고 있었다. 여기에는 방법이 없었다. 내가 졌다.

다만 당시 내가 절대 하지 않은 것을 몇 가지 있다.

첫째, "게임 절대 하지 마라"라는 말은 하지 않았다. 역효과가 날것이 뻔하기 때문이었다. 이 말은 애들의 '세계관 자체를 무너뜨리는' 청천벽력과도 같은 무서운 말이기 때문이다. 당장 며칠 효과가 있더라도 애들의 마음까지 깊게 다칠 것이 뻔히 보였기에 자제할 수밖에 없었다.

둘째, 게임 시간을 강압적으로 "1시간만 해"라고 먼저 정하지 않고 '스스로 결정해서 가족회의에서 합의해서 정하기로' 했다. 단 너의 성적이나 착한 일 한 것들을 잘 고려해서 보상개념을 통해 너무 터무니없는 시간이 아닌 한에서 결정하였다.

셋째, 엄마와 아빠가 각기 다른 기준이나 방침들을 애들한테 전달하여 헷갈리지 않도록 했다. 다시 말해 엄마 아빠가 한편을 먹고 애들과의 장기적인 싸움 레이스에 연합전선을 형성해서 지속적으로 대응했다.

간혹 어떤 아빠들은 '나도 소싯적에 게임 좀 했어. 다 시간이 가면 해결될 거야. 오늘은 아빠랑 한 번 같이 해볼까?' 라면서 너스레를 떨며 덤비는데… 이러한 순진한 생각은 아이들에게 게임을 평생 해도 좋은 것으로 믿게 만들어서 잘못하면 애들을 제대로 망칠 수 있음을 명심해야 한다.

만약에 애들한테 하지 말라는 강요로 일관하고, 흥분해서 체벌하고 기준 없이 방치만 하였다면 아마도 우리 쌍둥이도 게임중독에 빠져서 헤어나지 못했을 것이다. 앞서 열거했듯이 게임중독에 대응하는 솔루션 중에는 일상적인 루틴을 만들어 가급적 편안하게 숨을 쉬게 해주는 것이 정말 중요하다. 그리고 솔직하게 털어놓자면 우리 애들이 게임 세계에서 탈출한 데는 다른 큰 이유가 따로 있었다. 아이들이 중1 여름방학 때 아내가 암 3기 진단을 받아 여러 차례 수술하였다. 아이들은 병상에서 환자복을 입고 손목 팔목에 수많은 링거 멍 자국이 있는 엄마를 목도한 다음, 수술실에 들어가는 엄마의 손을 잡고 울었고 시나브로 자각하고 조금씩 변하기 시작했었다. 이러한 크나큰 사건이 아니라면 웬만해서는 게임에서 해방되어 일상으로 돌아오는 것은 쉽지 않은 일이라고 본다.

게임중독에 대한 여러 해법은 다양한 매체를 통해서 알아볼 수 있으니 이쯤 해서 마무리하고 이젠 내가 전달하고픈 본론을 말하고자 한다. 게임중독이나 인터넷 매체 중독은 그 자체가 나쁜 게 아니라 결과가 인생에서 길게 영향을 미치기 때문에 경계하여야 한다. 당장 영재학교 입시나 대학입시 때 게임과 병행을 하면서 잘 넘겼다고 하더라도 대학 이후 20대를 지나 나중에 사회생활까지 좋지 않은 영향을 미친다는 것을 자각하여야 한다.

서울대 교육심리학자가 말하길 21세기 인재가 갖춰야 할 핵심능력 중 비판적 사고, 문제 해결 능력, 소통력, 창의성도 중요하지만 보다 더 기초가 되고 이런 능력들의 토대가 되는 것은 바로 '문해력'이라고 한다. 이 말은 수리력, 과학문해력, 생활문해력을 모두 포함한 의미이다.

문해력은 단순히 글을 이해하는 것이 아니라 글을 통해 생각하는 힘을 기르는 것이다. 정보의 홍수 속에서 디지털 매체에 오늘도 수많은 정보가 쏟아지고 있고 그중에는 또 수도 없이 가짜 정보들이 범람하고 있다.

요즘 애들은 '틱톡', '쇼츠' 등 짤 영상이나 짧은 하이퍼 텍스트에 길들어져서 어휘력이 점점 떨어지고 있고 이제는 장편 소설과 같은 긴 글들을 읽기 힘들어하고 있다. 특히나 최근 3년간 코로나 팬데믹에 의해 그나마 보완 장치였던 오프라인 모임이나 수업들이 온라인화되면서 더더욱 영상 매체에 의존도가 커졌던 것도 사실이다.

나중에 깊게 다룰 주제지만 '영재성'에 대한 나의 확실한 지표 중의 하나는 세상 사람들이 누구나 다 사실이라고 믿는 것을 끝없이 의심하고 비판하고 자기만의 논리로 검증해 보는 능력이라고 생각한다.

이러한 능력의 근저에는 '문해력'이라는 것이 자리 잡고 있어야 한다. 수많은 매체에서 소위 '전문가'들이 떠드는 말들이 맞을 수도 있지만, 충분히 틀릴 수 있다는 것을 알고 행간을 읽고 맥락에서 이해하고 판단하는 능력을 길러야 비로소 제대로 된 영재로 자랄 수 있다.

문해력에는 '분석 능력', '예측 능력', '평가 능력'이 있다고 한다. 분석 능력을 높이려면 글을 보다 능동적으로 읽으면서 글쓴이의 의도를 파악하고 사실과 의견을 구분해야 한다. 그리고 행간을 읽으며 주어진 단서를 이용해서 추측하는 것은 예측 능력이고, 글 문맥상 중요한 것과 덜 중요한 것을 구별해내고 글 내용의 타당성을 확인한 후 간단하게 요약하는 것이 평가 능력이다.

우리 아이들이 이러한 3가지 능력을 모두 향상시킬 수 있는 방법을 생각했다. 애들이 어렸을 때부터 문해력을 높이기 위해 내가 실천했던 5가지 정도를 공유해 보겠다.

첫째, '아이들과 최대한 많이 대화하라'이다. 어려운 거 안다. 매일 주제 잡기도 어렵고 시간 내기도 어렵다. 하지만 이게 쉬운 일이었다면 대한민국 모든 아이가 영재로 자라고 있을 것이다.

대화하라는 것이 잔소리가 되면 안 된다. 소크라테스의 산파술처럼 질문과 생각을 이끌어낼 수 있도록 해야 하며, 이러한 대화법은 엄마 아빠도 공부해야 한다. 제대로 된 질문을 하게 되면 바로 제대로 된 해답을 알 수 있다. 부모의 역할이 막중한 이유는 아이들이 흥미 있어 하고 관심 있는 분야를 알아내고 공부하고 또 함께 나눌 수 있는 열정을 가진 사람은 가장 가까이에 있는 부모밖에 없기 때문이다.

둘째, '도서관에 퐁덩 빠뜨려라'이다. 요즘 도서관 특히 영유아 쪽은 너무나 팬시하게 잘 되어 있다. 주말이든 휴일이든 일과 이후든 최대한 도서관에서 뒹굴뒹굴하면서 책과 텍스트에 길게 노출될 수 있도록 하고 그 시간 동안 휴대폰 디지털 매체는 잠시 안녕하게 한다.

『평범한 아이를 공부의 신으로 만든 비법』이라는 책에서 저자 이상화 님은 '독서 습관 길러주기'의 중요성을 강조하고 있다. 이 씨는 형편이 어려운 부모였기에 책을 사주는 비용을 아끼기 위해 걸어서 도서관에 갈 수 있는 곳으로 이사까지 했다고 말한다.

그는 "책을 읽고 자료를 수집하다 보니 미국 상위 3% 부모들은 아이가 태어나면 대학 졸업까지 3만 권의 책을 읽힌다는 것을 알게 되었다"고 얘기한다.

그래서 아이가 한 살이면 하루 한 권, 두 살은 두 권, 이런 식으로 나이에 맞게 부담스럽지 않을 만큼 책을 읽어주었고 초등학교 때 이미 몇천 권을 읽어 문해력 사고력 등이 향상하는 효과를 볼 수 있었다고 회고한다.

셋째, '정독하는 습관들이기'이다. 대충 읽으면 대충 이해된다. 당연하다. 글의 맥락을 인지하면서 하나하나 정독하고 모르는 어휘는 사전에서 찾아보고(비슷한말 반대말 사전 추천) 욕심을 부리자면 정독하다가 글 밑에 자신의 생각을 작은 글씨로 적어보고 저자와의 다른 시각을 자신만의 언어로 표시도 해보고 하면서 문해력을 키울 수 있다.

넷째, '일상 경험을 통해 문해력 올리는 방법'이 있다. 세상에는 글로 표현할 수 없는 것이 많다. 일상적인 행동을 반대로 해본다든가, 학교 가는 길을 다른 길로 가본다든가, 버스로 다니던 길을 걸어본다든가 하면서 오감을 통한 생생한 느낌과 사물의 존재에 대한 다양한 시각을 새롭게 해석해 볼 수도 있다. 불편하고 귀찮은 것에 대한 발상의 전환은 어떠한가? 창의적인 발명품은 모두 불편하고 귀찮은 경험에서 나왔다는 사실을 잊지 말자.

다섯째, 문해력 향상에 가장 중요한 것은 '글쓰기'이다. 글쓰기는 문해력을 향상시키는 데 매우 유용한 도구다. 자신의 생각과 아이디어를 글로 표현하면서 문장 구조와 문법을 연습할 수 있다. 또한, 글쓰기는 논리적인 사고력과 분석력을 향상시키는 데 도움이 된다. 쌍둥이가 어렸을 때부터 매일 조금씩이라도 일기나 글 쓰는 습관을 가지도록 엄마 아빠가 꾸준하게 즐거운 분위기에서 챙겨주면서 돌보아 주었다.

돌이켜 보면 당시에는 귀찮고 별일 아닌 듯했지만 하나하나 쌓인 글들이 나중에 문해력이나 어휘력 향상에 많은 도움이 되었다는 것은 분명 맞는 말이다. 아울러, 문해력은 국어나 우리말에 대해서만 한정되는 것도 아닌 것 같다.

아이들이 수학올림피아드나 물리올림피아드 시험을 대비하고 있을 때 수학문해력과 과학문해력이 필요함을 느낀 바 있다. 문제 하나가 1페이지씩 되고(심지어 영어로) 문제가 요구하는 답을 명확히 하기 위해서는 문제의 의도와 맥락을 철저히 이해하고 풀어가야지 비로소 올바른 답을 얻을 수 있게 되어 있었다.

비고츠키라는 구소련 교육심리학자는 '사회적 경험 중 자라면서 얼마나 풍부한 언어 경험을 했느냐가 그 개인의 사고능력을 결정하는 중요한 요소이다'라고 말했다. 풍부한 언어로 인해 생각하는 힘이 커진다는 뜻이다.

또한, 언어철학자로 유명한 비트겐슈타인은 '언어의 한계는 세계의 한계다'라고 했다. 이는 문해력에 따라 그 사람의 세계관이 한계 지어지고 결정될 수 있다는 매우 의미심장한 말일 것이다.

정리해 보면, '문해력'을 단순히 '학과 공부나 입시에 도움이 되는' 능력에 한정을 짓는 것보다는 더 나은 삶을 위한 중요한 능력이자 자질임을 부모도 스스로 인식해야 한다. 즉 문해력 기르기는 아이들을 훌륭한 영재로 키우고 싶은 엄마 아빠들에게 당장 지금, 오늘부터 작은 실천이라도 하나씩 해야 하는 매우 중요한 항목임을 명심해야 한다.

숨 쉬다가 흐름을 놓칠까 봐 숨도 안 쉬고 읽었네요. 정말 좋은 글입니다. 게임 하지 못하게 하라는 천편일률적인 해답이 아니라, 하루의 루틴을 지켜 나가면서 그 안에서 가볍게 쉬는 용도로 하게 하라. 우리 집도 그 정도로 하고 있는데, 그마저도 언짢게 생각했던 제 모습을 봅니다. 그 정도는 아이들도 가볍게 즐기면서 할 수 있도록 제 마음부터 열어야겠습니다.
더불어, 문해력을 향상시킬 수 있는 요소에는 어떤 것들이 있을지 글도 부탁드려봅니다. ^^

좋은 글 정말 감사합니다. 영재로 키우기 위해 대화를 많이 하라는 것에 큰 의미를 두게 되네요. 실천해볼게요. 우리 집은 정해진 과제를 다 마치면 보상으로 30분 게임을 허용합니다. 타이머를 본인들이 켜서 거의 1년을 제법 그래도 시간 크게 벗어나지 않고 지켜왔어요. 특별한 날은 좀 더 허용하기도 하고요. 그런데 그 30분의 시간에는 어른의 말에도 대답을 안 하거나 듣지 않아서 이번 주는 인성교육 주간으로 당분간 게임 금지령이 내려졌습니다. 게임보다도 더 중요한 것은 인성이라는 점을 아이들이 깨닫길 바라는데 잘 교육이 될지 모르겠네요.

4 영재는 타고난 것일까?

아니면 만들어지는 것일까?

아이들 키우는 부모라면 한 번쯤은 궁금해 했을 주제이다. 결론부터 말하자면 나는 이러한 이분법적인 질문 자체가 별 의미도 없을뿐더러 그 다지 중요하지 않다고 본다. 타고난 영재든 학습된 영재이든 간에 앞으로 "어떻게 이러한 영재성을 이끌어 줄 것인가?", "어떻게 좋은 환경을 만들어 줄 것인가?"가 부모에겐 훨씬 중요한 질문이기 때문이다.

영재학교 재학시절 학교 시험 시즌쯤에 애들이 이런 말을 한다. "영재학교 내에서도 천상계, 지상계, 지하계, 암흑계가 존재한다"고… 우스갯소리 같지만 소위 천재들이 모인 교실 내에서도 시험을 보면 대충 보아도 90점 이상이 있는가 하면 아무리 밤새워 공부해도 60점 아래도 수두룩하다고 했다. 당시 나는 "아! 영재학교에는 영재도 있지만 아닌 애들도 많이 있나 보다"라고 쉽게 생각했다.

애들이 영재학교, 서울대 공대를 모두 우수한 성적으로 졸업하고 벌써 20대 중반이 된 지금도 난 우리 애들이 영재인지 아닌지 잘 모르겠다. 다만, 쌍둥이의 영재성은 아직도 현재진행형이라고 본다.

다시 말해 앞으로 어떻게 하느냐에 따라 나중에 범재로 남아 평범하게 살 수도 있을 것이고, 또 운 좋게 더 큰 슈퍼 영재가 되어 인류 과학에 기여할 수도 있을 것이라 생각한다. 앞으로 10년 20년 뒤쯤이나 "아! 우리 애들이 영재였어!"라고 확언할 수도 있을 것 같다. 그렇지만 지금은, 아직은, 아니다, 판단 유보이다.

쌍둥이들 영재학교 입시를 준비했던 게 10여 년 전이고 서울대 수시를 준비했던 게 5년 전이다. 당시 나도 우리 애들이 영재일까 아닐까를 계속 고민했던 것 같다. 당시도 여러 교육학자, 교수들, 학원장들, ○○영재센터장, ○○영재교육 연구소 등등 나름대로 영재교육 전문가의 책들과 각종 동영상 등이 많았고 학부모로서 아이들을 영재로 키우는 방법에 대해서 많이도 공부했었다.

내가 알아본 바로 일단 영재의 공통점은 '아무도 가르쳐 주지 않았어도 직관적으로 안다', '자꾸자꾸 생각한다', '열정과 끈기가 있다', '끊임없이 질문한다', '호기심이 많다', '과제 집착력이 높다', '독립심이 강하다', '몰입을 잘한다', '산만해 보이지만 또한 관심 분야는 집중력이 있다' 등등 많은 점이 있다. 다 맞는 이야기인 듯하다.

그러나 솔직히 나에겐 이러한 사실들이 별로 도움이 되지 않았다. 왜냐하면, 그런 콘텐츠들은 교육심리학적으로 정리된 논문들을 일목요연하게 설명해주거나, 아니면 영재학원 홍보를 위해 콘텐츠로 제작된 것이거나, 또는 영재성 검사 도구를 판매하려는 상술에 지나지 않았기 때문이었다.

여전히 영재로 키우는 방법이니, 영재들 행동에는 몇 가지 특성이 있느니, 영재의 부모는 어떻다느니 하는 등 수많은 이른바, '영재로 키우는 비법'에 대한 유튜브 채널과 책들로 넘쳐나고 있다. 물론 읽어보거나 시청하다 보면 영재는 '아! 이렇구나!'라고 막연히 이해가 되는 부분이 있긴 하다. 그러나 그걸 이해한다고 한들 정작 우리 애가 영재로 자라나는 것과 하등에 인과 관계가 있을까? 안타까운 얘기지만 난 별로 없다고 본다.

내가 짧게라도 글을 쓰게 된 이유는 이러한 것에 현혹되어 학습지도에 집중해야 할 중요한 시간을 허송세월로 보내지 말았으면 하는 바람에서이다.

좀 다른 얘기 같지만, 이렇게 비유를 해보자. 제대로 부자가 되려면 누굴 만나서 배워야 할까? 그건 큰 부자로 성공한 사람을 직접 만나는 게 가장 쉽고 또한 정확하다. 그런데 사람들은 이상하게도 그렇게 하지 않고 부자를 많이 인터뷰한 사람이 쓴 책을 탐독하거나, 부자학 박사학위를 받은 교수의 논문을 보거나, 부자도 아니면서 무늬만 부자인 척하는 사람들의 미사여구에 현혹되어서 그 사람들의 콘텐츠 팔이에 속아 넘어간다. 그러면서 '나도 부자가 되겠지!' 하고 상상의 나래를 펴기도 한다.

자녀들을 영재로 키우는 것도 똑같다. 진심으로 본인의 자녀를 영재로 키우기 위해서는 실제 자녀 여러 명을 직접 영재로 키운 부모의 진심 어린 조언을 듣거나, 아니면 적어도 그런 학생을 10~20년 이상 학업에 있어 지속적으로 가르치고 상호교류하고 대화했던 사람의 경험담이 훨씬 더 도움이 될 것이다. 그리고 진심으로 인내심을 가지고 성실하게 실천하면서 노오력(?)을 해야 한다. 다만 이러한 사람들을 만나서 비법을 전수받는 것이 현실적으로 어렵고 또한 영재성을 키우고 환경을 마련할 방법을 지속적으로 실천하는 것은 더욱더 힘든 일이다.

그래서 필자는 자신의 경험을 반추하여 적어도 내가 우리 쌍둥이를 키우면서 하지 않았던 4가지를 얘기하고자 한다.

첫째, "수학 100점 맞으면 핸드폰 바꿔줄게"와 같은 학업과 물질적 보상을 교환하는 말을 일체 하지 않았다. 즉 공부의 목적을 성적에 대한 보상으로 활용하지 말라는 뜻이다.

이와 같은 물질적 보상에는 2가지 문제가 발생한다. 이때부터 수학은 놀이의 대상이 아니라 극복의 대상이 된다. 수학을 해치워야 사랑하는 엄마랑 가까워지고 내가 원하는 것을 가질 수 있기 때문이다.

또한, 수학은 증오의 대상이 된다. 엄마와 나 사이를 갈라치고 있는 장애물이기 때문에 수학을 미워하게 된다. 그렇다. 수학이 극복하고 넘어야 할 과제이고 질투와 미움의 대상이 된다면 과연 아이가 수학을 좋아할 수 있을까? 절대 그럴 수 없다.

둘째, "오늘 오전은 정수, 오후는 선형대수, 내일 오후까지 미분 방정식 문제풀이하고, 모레는 좀 쉬고"와 같이 엄마의 계획에 따른 스케줄로 만들어진 공부 커리큘럼을 억지로 시키거나 강요하지 않았다.

다시 말해 엄마 맘대로 애들의 학습 리듬을 만들어 강요하지 말아야 한다는 것이다. 아이가 스스로 할 수 있도록 자율성을 주어야 한다. 그렇지만 말처럼 참 쉽지 않은 일이다. 이는 부모에게 고도의 인내심과 참을성이 필요한 부분이다. 공부의 맛을 알고 스스로 자각해서 공부할 때까지 관심거리를 물어주고 끊임없이 화두를 던지면서 관심과 사랑으로 지켜보아야 한다.

애들의 눈높이에서 목표와 과제를 명확하게 주고 집중할 수 있도록 해야 할 것이다. 혹자는 현실적이지 못한 방법이라고 하지만 그럼에도 불구하고 명문대 보낸 부모들이 하나같이 입 모아 하는 얘기가 엄마의 계획과 의지대로 억지로 시키지 말라는 것은 확실한 팩트다.

이러한 '자율성'이야 말로 아이들에게 절제 능력과 책임감을 심어주고 자신의 정체성과 주관을 확립할 수 있는 좋은 요소이다.

반면 공부 독립을 하지 못한 아이들은 시키는 것에만 한정되고 거기에 길들기 때문에 갈수록 성적이 오르지 못하게 된다. 특히 초등 고학년으로 갈 때쯤 생겨 나는 현상이니 이점은 특히 엄마 아빠 모두 유념해서 대처해야 한다.

셋째, 소위 말하는 엄친아 '엄마 친구 아들과 비교하지 않는다'이다. 이것은 엄마들이 특히 많이 하는 자식 교육에서의 크나큰 실수이다. 심정은 이해가 간다. 우리 애들도 누구처럼 좀 더 열정적으로 공부했으면, 누구처럼 조금만 더 자리에 오래 앉아서 있었으면, 누구처럼 똑똑하게 말도 잘하고 계획성 있게 공부했으면, 누구처럼 산만하지 않았으면, 하는 수많은 바람이 오늘도 엄마들의 속마음에 불을 지핀다.

엄마들 입장에서는 우리 애가 혹시 뒤처지지 않을까 하는 조바심에서 이러는 것도 이해는 되지만 이게 문제가 되는 이유는 맘 착하고 여린 아이는 비교당할 때 엄마를 만족시키기 위해서 자신과 맞지 않은 생각과 행동을 하게 되어 자신의 정체성에 혼란을 느끼기도 하고, 상대적으로 독립적인 아이는 엄마의 말을 아예 무시하거나 철저히 외면하게 되는 무서운 결과를 초래하기 때문이다.

마지막으로, 질문하지 못하게 하는 것이다. 난 이게 열거한 네 가지 중 가장 큰 문제라고 본다. 어린아이들은 '호기심 천국'에서 산다. 뭐든지 궁금하면 알고 싶고, 가까이 있는 엄마에게 물어보고 싶고, 확인하고 싶다. 그러나 엄마 입장에서는 말도 안 되는 질문이거나, 하찮은 질문이거나, 질문 같지도 않은 질문으로 보일 수도 있다. 이상한 질문을 했을 때, 엄마의 올바른 답은 "그런 쓸데없는 걸 왜 물어보니?"가 아니라 "그게 왜 궁금한 거지?", "우리 ○○이가 어떻게 그런 기발한 생각을 해서 이런 질문을 하게 되었을까?"라고 하며 한 번 더 되물어 보는 것이다.

그럼, 아이가 아무 생각 없이 한 질문인지 뭔가 심오한 호기심이 있었는지 바로 알 수가 있다. 만약 아이들이 생각을 가지고 계속 질문을 하게 되었을 때 여기에 상대할 수 있도록 항상 마음의 문을 열어 놓고 대비해야 한다.

엄마 아빠와 아이들이 서로의 질문에 대한 해답을 찾는 노력을 함께 기울이면서, 자연스럽게 아이의 호기심의 싹이 자라고 가지를 키우고 꽃을 피워 건실한 열매를 맺게 된다는 사실을 잊지 말자.

영재성의 큰 요소인 창의력과 협업능력을 키움에 있어서 가장 중요한 것이 이와 같은 생산적인 대화법이다. 처음에는 아무 생각 없이 던진 질문이 대화하면서 의미가 정해지고 명확해지면서 생각을 더 하게 되고 스스로 본인 만의 관점과 생각을 이끌어내는 것이다.

이 정도로 하지 말아야 할 것들을 정리해 보았고 향후 타고난 영재를 더욱 훌륭한 영재로 키우고 싶은 부모, 아직은 잘 모르겠지만, 앞으로 영재로 자랄 수 있다는 희망을 가지고 끊임없이 노력하는 부모에게 3가지 정도 제안을 드린다.

첫째, 앞에 말한 자율성과 일맥상통한 얘기지만 아이들에게 다양한 경험을 많이 하게 하는 게 가장 중요하다. 즉 아이들 경험의 폭을 넓혀 주는 것이다. 특히 공부 외에 여행, 독서, 연극관람, 자연 친화 등 다양한 기회를 주어야 스스로 사고하는 능력과 지평이 넓어지게 된다. 무엇을 하지 않을 자유도 포함된다. 멍 때리고 산책하기와 같은 것도 추천한다. 전문가들은 창의성은 정확한 답이나 목표가 없는 활동에서 나온다고 말한다. 아무 생각 없이 머리를 비우면 고민했던 문제가 눈 녹듯이 해결되는 경우가 꽤나 많기 때문이다. 이게 정말 생각이 없어지는 것이 아니라 여유를 가지고 잠시 뇌를 비우면 한 가지 생각과 다른 생각이 다각적으로 상호 작용해서 시너지가 나기 때문이라고 한다.

아이작 뉴턴, 알베르트 아인슈타인, 엠마뉴엘 칸트 등등, 위대한 과학자 수학자 철학자의 동일한 점은 어떤 문제를 계속해서 생각하고 또 생각하고, 또한 수시로 산책하고 정리하면서 위대한 원리와 사상을 발견하고 발전시켰다는 점이다.

둘째, 아이들을 가르칠 때 엄마와 아빠는 같은 가치관으로 아이를 대해야 한다. 어려운 말로 이것을 '훈육 일치도'라고 하기도 하는데 부모가 각각의 다른 가치관으로 아이를 대하면 아이는 중간에서 갈피를 못 잡고 흔들릴 수 있다. 가정에서의 밥상머리 교육을 항상 강조하는 게 이런 이유 때문이다.

아직은 대부분 학습 관리 주체가 엄마로 편중된 것도 사실이다. 엄마와 아빠의 조화롭고 균등한 교육 철학이 애들의 정서 안정과 몰입에 중요한 역할을 하게 된다. 역할 분담도 슬기롭게 해야 할 것이다. 특히 아빠들은 야구, 축구, 수영, 등등 몸으로 놀아주는 역할도 게을리하지 않아야 한다. 난 이것이 책상머리에 앉아서 문제 푸는 거 이상으로 중요한 일이라고 생각한다.

셋째, 너무 조급하고 성급하게 가르치려고만 하지 말고 긴 호흡으로 애들을 보듬어 가야 한다. 부모는 아이를 가르치는 사람이 아니라 옆에서 늘 이끌어주는 사람이다. 너무 많은 것을 너무 빨리, 너무 깊이 아이들에게 가르쳐 주고 심어 줄 생각은 안 하는 게 좋다. 또한, 부모는 아이들의 우상이자 거울이다. 소파에 낮잠 자고 게임 하면서 아이한테 독서를 강요하면 아이의 반응은 어떨까?

자식은 부모의 그림자를 보며 자란다는 말이 있듯이 우리 부모들은 자신의 삶에 늘 최선을 다하고 기쁜 일, 슬픈 일, 괴로운 일도 함께 나누어 가면서 아이들과 소통하고 의지하다 보면 어느새 아이들도 훌륭한 재목으로 자라게 될 것이다.

영재교육에 국제적인 전문가인 '조지프 렌즐리'라는 미국 코네티컷대 석좌교수는 영재성을 키우는데 유전적 요소와 후천적 요소 중 뭐가 더 중요하냐는 질문에 이렇게 대답한다.

"두 가지가 함께 상호 작용해서 영재를 만든다. 유전적으로 영재성을 타고난다 해도 자유롭고 창의적인 사고를 할 수 있는 환경이 갖춰져야 하며 이 둘 중 어느 한 부분이 모자라면 영재성이 제대로 나타나기 어렵다."

"자식 자랑은 자식이 40이 넘은 후에나 하라"는 경구가 있다. 아직도 한참 어린아이들을 겨냥해서 우리 애는 영재이고 쟤네들은 만들어진 애들이고 하면서 소위 '타고난 영재 vs 학습된 영재'로 구분하고 차별하고 서로 경계하고 자기 말이 맞다고 주장하는 것은 영재로 키우고자 하는 엄마 아빠가 해야 할 일은 아니다.

만약 우리 아이가 영재라면 영재성을 잃지 않고 계속해서 키워나갈 수 있도록 앞에서 언급한 여러 사항을 마음에 새겨가며 옆에서 꾸준히 지원하는 것이 정작 가장 중요한 일이다. 또 비록 영재성이 아직은 없어 보여도 진심 어린 사랑과 관심으로 아이의 특성과 소질을 발굴해서 스스로 자신의 관심 분야에서 작은 성과를 내게 해서 이를 키워 간다면 또 다른 의미에서 '영재'로 자라날 것이고 이것 또한 매우 의미 있는 일일 것이다.

오늘도 아이들 공부 걱정에 힘들어하는 엄마 아빠들, 오늘 아이들 옆에 살짝 다가가 손 한번 잡아 주고 포옹 한번 해주길 바란다. 그러면서 엄마 아빠는 ○○이가 참 잘하고 있고 너무 대견하고 믿음직스럽다고, 그리고 정말 정말 사랑한다고 말이다.

제5편에서는 여러 가지로 말도 많고 탈도 많은 사교육 열풍과 스스로 공부하는 방법 등에 대해서 내가 가졌던 소신을 이야기해 보고자 한다.

★

영재인지 아닌지 잘 모르겠다는 말씀이 참 부럽네요. 저희는 확실히 아니라고 말할 수 있거든요.

영재가 아니다 보니 영재원을 못 보내고 특목고를 생각하지 않고 경시대회 욕심이 없습니다. 조금 아쉬운 부분이 있는 것도 사실이지만, 몸 건강하고 마음이 건강하니 됐다고 건강 만능설로 위안을 삼고 맙니다. ㅎㅎ

영재는 타고 나는 게 맞는 거 같아요. 저희는 타고나지는 못했습니다. 그러나 영재만이 우수한 성적을 내거나 목표한 대학이나 학과를 가는 건 아니기에 전략적으로 승부를 보겠다고 생각합니다. 영재의 입시 방법과는 다르겠지요. 그러나 최선을 다한 결과는 아이가 영재로 태어난 것 이상으로 가치 있고 만족스러울 것 같습니다. 영재든 아니든 모두가 파이팅입니다.

★

엄마는 가르치는 사람이 아니라 옆에서 이끌어주는 사람입니다 라는 말씀이 참 좋네요. 그만큼 힘들기도 하고요. ㅜㅜ 대부분 엄마의 생각과 계획을 강요받죠. 저부터도 어느 정도의 가이드만 주되 아이 스스로 느끼고 생각하면서 공부에도 계획을 짤 수 있게 도와주는 엄마가 되도록 노력해야겠네요. 그리고 아이랑 대화를 많이 해야겠어요. 좋은 글 감사합니다

5 사교육 열풍과
혼자 공부하는 방법 기르기

과거 학력고사 시절이든 최근 수능 시절이든 상관없이 대입 수석 합격자들의 인터뷰를 들어보면 대체로 "기본에 충실했고 교과서 위주로 공부했다" 또한 "충분한 수면을 취하면서 마음을 가볍게 했다"라고 말한다. 그리고 마지막으로 "부모님께 공부하라는 말은 들어본 적이 없고 항상 믿어 주었으며 좋은 환경을 잘 마련해 주셨고 여기에 감사함을 느낀다"로 마무리한다. 난 이 3가지 답변에 공부 잘하는 아이로 키우기 위한 모든 정답이 있다고 생각한다.

하나씩 나누어서 알아보자, 첫 번째로 기본에 충실하고 교과서 위주로 공부했다는 말이 정말일까? 여기에 더해 매년 수능 끝나면 뉴스에서 한 국교육과정평가원장이 하는 말은 "일반 고등학교 교과 과정을 이해하였다면 충분히 풀 수 있는 문제 위주로 출제했다"고 한다.

학부모들은 헷갈린다. 학교 공교육에 집중해서 교과서 위주로 지도해야 하나, 아니면 학원이나 사교육의 힘을 빌려서 애들의 학업을 보충해 주어야 하나 하고 말이다.

매번 교육감이 바뀌거나 정권이 바뀔 때마다 대입 입시 정책이 손바닥 뒤집듯이 바뀌고 거기에 따라가다 보면 숨이 막힐 지경이다. 어떨 때는 불수능, 다른 때는 물수능, 참 힘들다.

한편 대부분 학부모들은 "설마 혼자 교과서만 보고 했겠어? 과외든 학원이든 사교육도 받고 교과 과정 외에도 선행이나 심화 학습도 했겠지" 하면서 위안 아닌 위안을 하고 있을지 모르겠다.

내가 생각하기에는 수석 합격자나 평가원장이 거짓말을 하고 있는 것 같지는 않다. 다만, 그 행간을 읽어야 한다고 생각한다. 다시 말해 그 진의는 교과서만 공부한 것도 아니고 교과 과정만 이해하면 풀 수 있는 것도 아니라는 게 나의 해석이다.

이쯤 해서 나는 '학습 자율성'에 대해서 이야기해 보고자 한다. 동양 최고의 고전 논어에 '학이시습지불역열호學而時習之不亦說乎'라는 말이 있다. 이는 '새롭고 이로운 것을 배우고 그것을 시의적절하게 익혀서 나에게 필요한 때에 사용할 수 있다면 즐겁지 않을까?'라고 해석할 수 있다. 즉 공부의 기쁨을 간단히 한 줄로 정리한 말이다.

다시 말해 선생님으로부터 혹은 학원이나 인강, 다양한 매체로부터 배우는 것도 중요하지만, 그것을 충분히 체득하고 익혀서 내 것으로 만드는 것이 공부의 완성이라는 말이다. 그렇다. 이론적으로는 다 아는 얘기다.

이른바 '자기 주도학습'은 이미 10년 전부터 유행했던 뻔한 얘기로 들릴 수 있다. 그러나 적어도 명문대 진학한 학생 백이면 백 모두 다 자기 주도적으로 학습한 아이들이다. 이건 팩트다.

우리 세대도 대학교 다닐 때 한 번쯤 공부나 필기 잘하는 친구로부터 노트를 빌려서 시험을 치러 본 적이 있을 것이다. 나도 그랬지만 대부분 그 시험에서 우수한 결과는 얻지 못했을 것이다. 왜냐하면, 내 방식으로 정리된 나의 노트가 아니었기 때문이다.

사람마다 자신이 이해하는 방식, 풀이하는 방식, 사고의 패턴, 정리 습관들이 다 제각각인데 그 아무리 일타 강사가 조목조목 그럴싸하게 정리해 놓은 참고서나 수업 부교재가 있다고 하더라도 과연 100% 내 것으로 만들 수 있을까? 나는 아니라고 본다.

'교과서 위주로 공부했다'는 것은 교과서를 달달 외웠다는 의미가 아니라, '교과서 저자들이 이것은 학생들이 반드시 알아야 되는 것들을 가장 함축적으로 정리해 놓은 내용에 대한 함의를 100% 완벽하게 이해해서 내 것으로 만들었다'는 의미일 것이다.

'교과 과정을 이해했다면 풀 수 있다'는 의미도 교과서 지문 내에서만 출제했다는 것이 아니고 교과 과정을 이해함과 동시에 이것을 바탕으로 창의력을 가지고 응용해서 풀 수 있는 문제도 포함되었다는 의미인 것이다.

우린 여기서 정답을 찾을 수 있다. '사교육이나 학원이 필요하냐 안 하냐'가 중요한 게 아니라, "이것이 필요하면 시의적절하게 잘 활용을 해야 하고 굳이 필요하지 않다면 다양한 학습 툴을 이용하여 사교육을 안 할 수도 있다"로 사안을 대체하여 고민해야 할 것이다.

옛날과 달리 요즘 입시는 학교 공부 외에 사교육이나 학원이 거의 필수가 되고 있다는 사실은 많은 학부모들은 다들 알고 있다. 독야청청하게 소위 '엄마표 학습법'으로 밀고 나가기엔 엄마들도 이젠 힘이 부친다. 그렇다면 학원을 잘 이용하여 아이의 학습에 도움을 주어야 하는데 그 방법에 대해서 많은 엄마 아빠들이 실수를 저지르고 있는 듯하다.

특히 엄마들은 서울 대치동 학원가의 모든 스케줄을 통달해서 자신의 자녀에게 맞을 법한 과목을 최선을 다해서 계획을 짠 다음 애들한테 강요하거나 혹은 부탁을 한다. "너는 자리에 앉아 있기만 하면 돼", "일타선생님들이 너를 최고로 만들어 줄 거야"라고 말이다. 엄마들의 수고에 미안한 말이지만 그야말로 '주객이 전도된 형국'이다

학원이나 사교육의 효용성은 아이들이 확실하게 '학습 자율성'을 가지고 판단을 해서 좀 더 필요한 부분이 있을 때 발휘되는 것이다. 쉽게 말해 학원은 부족한 부분을 메꾸고 채우는 데 이용하는 수단으로 생각해야 한다는 것이다.

그럼 어떤 엄마는 이런다. "저기. 부족한 부분이 뭔지 잘 몰라서…" 이 말은 더욱더 자신을 깎아내리는 것이다. 부족한 부분도 모르는데 어떻게 학원을 보낼 것인가? 집안에서 뭘 해야 할지 모르는 학생이 갑자기 학원에 앉아 있다고 해서 자신이 뭘 해야 할지, 하고 싶은지 과연 알 수 있을까?

"엄마, 내 생각엔 정수나 대수는 인강이나 참고서적을 보면 될 것 같고, 조합 부분은 대치동 전문강사한테 직접 듣고 질문도 해봐야 늘 것 같은데"와 같은 수준의 대답이 나올 정도로 사전에 엄마와 계속해서 대화하

고 체크하고 피드백하면서 혼자 공부했을 때 아쉬웠거나 부족했던 점을 보완하여 최대한 100% 자신의 것으로 만드는 노력을 기울여야 사교육 효용이 커지는 것이다.

또한, 혼자 공부하는 시간이 학원에서 배우는 시간보다는 적어도 2배 이상은 많아야 한다는 것이 나의 경험에서 우러나온 계산법이다. 다시 한 번 강조하지만 '학습 자율성'을 갖지 못하는 아이는 절대로 좋은 성적을 유지 할 수가 없다.

두 번째, 수면을 충분히 취하고 마음의 안정을 갖는다는 의미는 공부에 집중함에 있어 몸의 컨디션을 항상 최상으로 만들어 준비했다는 것일 것이다.

평상시 운동도 꾸준히 하고, 주변 정리정돈도 깨끗하게 하고, 학습에 필요한 환경을 자신에 맞도록 유지하면서, 차분한 마음가짐을 위해 마인드 컨트롤, 잡념 없애기, 긍정적인 생각하기 등등 많은 훈련을 했다고 본다.

서울대 법대를 졸업하고 현재 작가로 활동하는 분의 책을 보니 '공부의 절대 5원칙'이라는 것이 있다고 한다. 이른바 5가지 공부의 절대 원칙은 자기신뢰, 학습원리, 공부원칙, 생활 관리, 멘탈 관리로 나뉜다. 아마도 자기신뢰, 학습원리, 공부원칙 등은 앞에서 말하는 학습 자율성과 연관된 것으로 보인다.

하나하나 모두 중요한 말이지만 그중 '생활 관리'와 '멘탈 관리' 등은 얼핏 보면 공부와 그다지 관계가 없는 것으로 보일 수 있다. 그러나 내 생각에는 실제 학습 성과를 결정짓는 매우 큰 요인이다.

최소 2~3년은 집중해야 하는 지난한 수험생 시절에 멘탈 관리는 특히 중요하다. 어떤 이는 이를 '마음 근육'이라고 표현하기도 하는데 이게 왜 중요한가 하면 다른 원칙들은 바로잡으려면 몇 시간 또는 하루 이틀이면 가능하지만 멘탈이 붕괴되면 1~2달 정도는 그냥 허송세월할 수 있다.

수많은 정신질환을 연구하는 의사들과 심리학자들은 멘탈 관리를 가장 쉽게 하는 법으로 가볍게 운동하면서 땀도 흘리고 산책을 하면서 한 가지 생각에 너무 집착하지 말고 사고의 틀 안에서 조금 벗어나 있다 보면 잡념이 조금씩 없어지고 내가 실수했던 거 욕심부렸던 일, 화를 냈던 일이 하나둘씩 정리가 되면서 사그라들 수 있다고 한다. 가끔씩 책상 정리정돈, 필통 정리, 방 청소도 도움이 되기도 하고, 잠깐 눈을 감고 명상을 하거나 편안한 클래식 음악을 듣는 것도 좋은 방법일 듯하다.

어떤 학자는 노력하는 것도 능력이라고 하였다. '우리 아이는 머리는 좋은 데 노력을 안 해' 이 말은 '노력하는 학습능력이 없다'는 것인데 여기에 엄마들은 크게 문제를 못 느끼는 듯하다. 많은 아이들이 목표는 있고 계획이 없거나 계획까지는 있더라도 실천을 못 한다. 이는 학습능력에 있어서 큰 요인이 빠져 있는 중대한 사안임을 명심하자. 실천하는 힘과 저력이 바로 생활 관리와 멘탈 관리에서 비롯됨을 반드시 유념해야 할 것이다.

마지막으로 "부모님께 공부하라는 말은 들어본 적이 없고 항상 믿어 주었으며 좋은 환경을 잘 마련해 주셨고 여기에 감사함을 느낀다"라고 한 말에 대해서 깊이 있게 살펴보자.

과연 믿어 주었다는 것이 무슨 말일까? 믿고 기다리면 애들이 모두 우등생이 되는 것일까? 이는 단순히 '믿는다' 가 아닐 것이다. 이 말인즉슨 "네가 지금보다 좀 더 잘 되는 걸 믿는다"는 의미일 것이다.

열심히 공부했는데 성적이 생각보다 안 나온 애한테 '수고했어 시험 보느라 힘들었을 텐데 너무 힘들게 공부하지 마. 인서울이면 되지 뭐'라고 했다면 이것은 믿어 주는 게 아니라 아이의 잠재력을 막고 깎아내리는 일이며, 이 말은 들은 아이는 여기까지만 하고 포기하게 될 것이 뻔하다. 나의 사랑하는 엄마가 충분하다고 한 거니 말이다.

아마 대입 수석 합격자더라도 초등 중등 때 맨날 1등은 못했을 것이다. 성적이 좀 떨어지더라도 믿어 주는 부모는 "이번에 네가 이 과목이 80점이었지만 넌 충분히 잘할 수 있어. 능력 발휘 좀 하면 앞으로 100점도 무난히 맞을 수 있을 거야. 아빤 우리 ○○이 믿어"라고 말하며 북돋워 주면서 절대로 화를 내지 않았을 것이다. 그들은 항상 긍정적으로 희망을 가지고 시간을 길게 잡고 아이들을 키웠을 것이 분명하다.

애들이 안 좋은 방향으로 가면 당연히 부모는 훈육을 통해 바로 잡아야 한다. 그런데 잔소리와 훈육의 차이는 무엇일까? 엄마의 가장 큰 착각은 아이가 한번 말하면 들을 것이라는 것이다. 아이들은 원래 한번 말하면 안 듣는다. 최소 3~5번은 말해야 겨우 들을까 말까 한다. 그것도 눈높이에 맞춰 잘 얘기해야 말이다….

훈육은 마냥 혼내고 잔소리하는 게 아니라 적당한 가이드와 원칙을 심어주는 것이다. 그러나 많은 엄마는 가정에서 아이를 훈육하는 게 아니라, 아이와 서로 감정싸움을 하는 경우가 많다. 승부를 걸고 싸움을 하는 것이다. 그러다 급기야 아이가 엄마의 발작 버튼을 누르게 되면 엄마는 이성을 잃고 아이들과 동급으로 같이 어린아이가 돼서 진흙탕 쌈박질을 하게 되는 것이다.

대체로 하는 아빠의 실수는 엄마에 비해 평소에 별로 아이들에게 관심도 없이 가만히 지켜만 보고 있다가 결정적인 순간에 본인의 화를 못이겨 신체적이고 물리적 체벌을 통해 해소하려고 하는 경우이다. 돌이켜보면 아이들 사춘기 때 나도 머리끝까지 올라오는 화를 주체할 수 없을 때가 많기도 했다. 참 힘든 시절로 기억한다.

엄마와 아빠는 권위를 가져야 한다. '권위적'이 아니라 엄마 아빠 말은 들어야 한다는 인식이 애들 머릿속에 자리 잡고 있도록 하는 '권위'가 있어야 한다는 뜻이다.

여기에 필요한 것이 일관되게 대하는 태도와 상호 신뢰, 그리고 믿음이다. 아이들과 사소한 약속이라도 반드시 지키고 일관된 기준으로 잘못을 지적하고 거기에 합당한 벌을 주도록 해야 한다. 단 이것도 단순히 처벌하기 위한 것이 아니라 너를 보호하기 위한 것이라고 이해하도록 하면서 해야 할 것이다.

"우리 엄마 아빠는 일관성 있고 예측 가능하고 합리적이고 말이 통하는 사람이야"라는 인식이 마음속 깊이 자리 잡아야 한다. 이것은 부모가 시간과 인내심을 가지고 심어주어야 한다.

이와 같은 것들을 실천하려 하다 보면 엄마 아빠가 무슨 보살님도 아니고 인격이 거의 신의 경지에 있어야 할 수 있는 일이라고 생각하는 사람도 있을 것이다. 돌이켜 보면 나도 무척 어려웠던거 같다. 내 인내심과의 싸움이었으니까…. 인정한다. 내가 교육심리학자나 오은영 박사님과 같은 소아정신과 전문의도 아니니 여기까지 하겠다.

앞으로 아이를 믿고 끝까지 옆에서 지켜보는 구체적인 방법은 수없이 많은 '좋은 엄마 아빠를 위한 지침서'를 통해 세심하게 공부해 보시길 바란다.

결론에 앞서 잠깐 우리 애들 이야기를 해보고자 한다.

1편에서 말했듯이 아이들 초등학교 졸업 때까지는 주말마다 주로 등산과 캠핑을 같이 다녔다. 책 『한국의 100대 명산』에 나오는 산을 거의 다 섭렵할 만큼 많이 다녔던 거 같다. 산 하나씩 정복하고 나면 책자에 나온 등고선에 우리의 등산 루트를 빨간색 팬으로 표시하면서 힘들었던 시간을 보상받았다. 성삼재에서 중산리까지 지리산 종주도 하고, 한계령-서북능선-중청-대청-공룡능선으로 이어지는 설악산 종주도 하면서 성취감과 호연지기도 길렀던 기억이 생생하게 남아 있다.

애들이 서울대 수시 원서 자기소개서를 쓸 때 '역경을 뛰어넘어 성과를 얻었을 때 기억'을 쓰라는 질문에 머리에 헤드 랜턴을 끼고 아빠랑 같이 지리산 종주하면서 뒷사람들이 줄지어 따라 오는 불빛이 너무 아름다웠다는 글을 애들 스스로 썼다는 것을 발견했을 때 "내가 그래도 자기소개서에 한 줄 쓸 수 있게 해주는 아빠였구나" 하는 형언할 수 없는 기쁨과 잘 키우고 있었다는 보상을 받는 듯하였다.

영재학교 입시 때 큰애는 우선선발로 둘째는 영재 캠프 대상으로 선발되었다. 쌍둥이가 동시에 같은 학교에 합격하고 나니, 여기저기서 학원이나 사교육을 어떻게 했냐고 많은 질문 세례를 받았다. 우린 학원에 도움을 조금 받기는 했지만 결국 아이들 스스로 관심과 열정을 가지고 했던 것이 가장 큰 비법이었다고 말했다. 물론 학원에서 아이의 수학 물리 등에 대한 열정을 더욱 크게 키워주었던 덕도 크다.

1년 반 정도 짧게 대치동 고등물리나 수학을 공부하기는 했지만, 소위 '대기업 같은 전문 학원'이 아니었고 물리올림피아드에 집중하는 소규모 학원에서 기초와 원리부터 다지는 것이 도움되었다고 생각한다.

대치동 학원에서 집까지 오는 차 안에서 3~40분 동안 아이들은 끊임없이 오늘 배운 미분 방정식에 대해서 신기하기도 하고 재미있기도 했다고 하며 자기들끼리 알아듣는 언어로 재잘재잘 떠드는 모습을 보고 좀 신기해하기도 했었다.

아이들이 만약 초등학교 때부터 학원을 돌면서 공부했으면, 아마 영재학교 3년간 힘들었을 것이다. 그리고 실제 고등학문으로 깊숙이 들어가는 대학교 때는 공부에 지쳐 방황했을지도 모르겠다.

아이들 말로도 영재학교 재학시절 너무 일찍 준비했던 아이들이 지구력이 떨어지는 것 같다고 얘기한 바 있다. 반면 자기들은 놀 만큼 놀아서 시험 기간 집중해서 공부하는 것은 그다지 어렵지 않았다고….

아이들 얘기를 하니까 글이 길어졌지만, 나의 나름대로 사교육을 보는 관점은 이렇다. 아이들이 학습 주체성을 가지고 준비가 될 때까지는 너무 성급히 엄마가 나서 끌고 갈 필요는 없다. 다만 어느 정도 아이들 생각도 잡히고 흥미 있는 분야가 확실해지고 공부해 보고 싶은 마음이 들 때는 과감하게, 대신 너무 길지 않게 사교육의 도움을 받으면 충분한 활용 가치가 있다고 본다. 이것이 나의 결론이다. 물론 이러한 과정 중에 엄마 아빠의 많은 역할이 필요하지만 말이다.

6편에서는 '기초과학 이공계의 중요성과 의대 편중현상 바로 보기'라는 제목으로 요즘 입시에서 과열되는 '의치한수'에 대한 나의 개인적인 소견을 말해 보고자 한다.

★

공부 자체만 봤을 때는 '될놈될'이 맞지만 공부의 바탕이 되는 생활습관과 정서적 안정감 인성 등은 부모님 영향이 큰 것 같아요. 두루 갖춘 원만한 아이들이 잘 없죠. 공부는 그럴듯하게 하는데 인성이 망가져 있거나 건강이 망가져 있거나. 그런 경우가 많아요. 부모님이 이만큼 관심 가지고 노력하고 끌어주신 점 본받아야 한다고 생각해요.

★

부모가 어떠한 분야에 대해서, 그게 직업이든 취미든 운동이든 어떤 활동이든 애정을 갖고 깊게 몰입해서 하는 모습을 보여주는 게 중요하다고 요새 생각이 드네요. 열심히 살지만 그저 흘러가는 대로 살면서 아이에게는 열정을 가져라, 목표를 가지라는 게 얼마나 와 닿을까요.
그런 의미에서 지리산 종주 이야기가 참 와 닿네요. 아이가 초2 되면서 여러 아이가 많이 하는 체험류의 활동도 많이 해보았고, 경험을 쌓기 위해 뭘 더 이끌어주면 좋을까? 요새 많이 생각해보고 있는데, 정말 학습적인 거 이외에는 떠오르지 않더라고요. 평범한 엄마의 한계인가 싶기도 하고 요새 생각이 많아졌는데 배우고 갑니다. ^^

좋은 글 너무 감사합니다. 제 아이가 몇 주 간 저와 대화를 하고 지금 하고 있는 사교육을 다 정리하겠다고 하네요. 아이는 필요할 때만 학원에 다녔고 수학은 3개월 이상을 다니지 못하고 영어는 1년 반을 넘지 못하네요. 어제 계획을 물어보니 어떻게 하겠다는 대답을 했는데. 사실 어제저녁에 끊는 게 맞는 건가. 불안하다는 생각을 했어요.

아이가 사춘기가 진행 중이거든요. 그 불안은 제 것이지만요. 아이는 지금 꼭 도전해보고 싶다고 하네요. 이 글을 읽고 나니 아이가 하자는 대로 해줘야겠 다는 생각이 듭니다. 정말 멋진 아버지를 둔 쌍둥이가 부럽네요. ^^

6   기초과학, 이공계의 중요성과

의대 편중 현상 바로 보기

2022년도 서울대, 연대, 고대 등 이공계 대학의 중도 이탈 인원이 무려 1,421명이라는 통계가 있다. 이는 전체정원 대략 1만 명 중에 약 15%를 차지한다. 이 중 거의 대부분이 의·치대로 이동한 것으로 보인다. 그리고 'SKY' 정시 합격자의 28%가 등록을 포기했다는 보도도 있다. 아마 이것도 '의치한수(의대·치대·한의대·수의대)'를 위한 것으로 보고 있다. 그렇다면 왜 이 많은 학생들이 어렵게 들어온 '명문 대학 간판'을 버리고 의대 치대로 가려고 하는 걸까?

지난 20년도 넘게 공중파 뉴스나 시사다큐에서 단골 메뉴는 이공계 기피 현상, 의대 쏠림 현상의 문제점 등이었다. 그게 요즘 들어도 여전히 계속되고 있는 듯하다. 그러나 아쉽게도 마땅한 해결책이나 합리적인 대안, 또는 결론이 없어 보인다.

대부분 교육전문가들이 입 모아 얘기하는 것은 대체로 이렇다. 이공계 진학은 미래에 대한 불확실성이 크고, 아울러 언론이나 드라마 등 매체에서 의사를 사회적으로 지위가 높은 '사회지도층', 다시 말해 특권층으로 그려 놓는 문제점도 한몫한다. 또한 대치동 학원가의 의대 위주 입시 프로그램(초등 대상 의대 입시반 운영 등)이나 마케팅도 문제가 많다 등 등이다.

또한, 의료계의 난맥상도 자주 보도를 하는데, 보건 당국은 현재 1천 명당 의사 수가 OECD 평균 3.7명이고 우리는 2.5명(한의사 제외 시 2.1명)으로 낮은 수준이고, 그간 의료인 정원을 17년 동안 동결해서 지방이나 특히 소도시에서는 필수 의료서비스를 받기가 어렵기 때문에 의료인 정원을 지금보다 10%는 늘려야 한다고 주장한다. 반면에 의료계는 '의료수가' 체계가 문제가 많고 특히 중증 환자를 치료하면 오히려 손해를 보는 등 여러 문제점을 개선하는 게 먼저라고 주장하며 양측 간에 팽팽한 기 싸움이 계속되고 있다.

의료산업과 서비스를 평등하고 공적인 공공서비스로 생각하는 사람들이 있고, 의료산업도 다른 산업과 마찬가지로 자본주의 논리에 따라 경쟁과 수요공급을 통해 발전해 가야 한다고 생각하는 사람들도 있다. 다시 말해 이러한 논쟁이 정치적인 문제로 비화되고 있는 것이다.

의료계 내에서도 성형 피부과로 좋은 인재가 몰리고 흉부외과나 최근 소송이 많아진 유아 소아과 등을 기피하고, 수도권 집중 현상에 따라 의료서비스의 편중현상도 큰 사회문제가 되고 있다.

미리 밝히지만 나는 이런 방법으로 문제만을 지적하고 과학계와 의료계의 대립이나 정치 싸움에 휘말리고 싶지도 않고 그게 직접적인 해결방안이라고 생각하지도 않는다. 후에 기술하겠지만 "우리 아이들은 과연 이러한 상황에서 어떻게 중심을 잡고 자신의 진로와 미래를 정하고 개척하여 나아가야 하는가"가 나의 관심 포인트다.

의료 인재도 넓게 보면 과학 인재라고 볼 수 있고, '의사·과학자'도 분야에 따라서는 얼마든지 있다. 타 산업과의 융합과 연계가 중요한 미래에는 공학과 의학이 합쳐져서 보다 많은 시너지를 낼 수도 있기 때문이다.

특히 뇌과학이나 신경외과 부분에서는 이미 뉴런과 생체 전자기학과, 딥러닝 등의 학제적인 통합이 이미 일어나고 있는 상황이고 이것을 분리해서 생각할 수도 없다.

그럼에도 불구하고 요즘 수많은 매체가 '서울대 공대를 포기하고 의대간 학생'을 비난하고, 영재학교가 설립취지에 걸맞지 않게 의대를 보내는 것에 제재를 가해야 한다고 비판하기도 하고, 또한 의치대로 빠지고 남은 학생들은 '패배자'라는 프레임을 씌워서 어그로를 끌고 있는 상황들이 참 안타깝고 답답하기만 하다.

불투명한 미래보다는 안정되고 경제적으로 훨씬 유리한 것을 지향한다는 것이 누구한테 비난받을 일은 아니다. 그렇다고 좋아하는 수학, 물리 과학을 연구하고 묵묵히 학자의 길로 가려 하는 사람을 실패한 사람처럼 낙인 찍은 것은 더더욱 바람직하지 않다.

개인적으로는 언론이나 보도 매체에서는 이러한 사회현상에도 불구하고 아직도 많은 이공계 학생들이 수학, 물리 등 기초과학을 열심히 공부하고 있고 앞으로 과학발전에 필요한 기반을 다지고 있는 희망적인 면을 부각하여 다루었으면 좋겠다는 작은 바람이 있다.

또한, 아이를 키우는 학부모서 우리 아이들이 적성에 맞지 않은 잘

못된 선택을 해서 20대를 허송세월하는 실수를 하지 않도록 하는 것이 가장 바람직한 대책이고 대안이라고 생각한다.

　내 주위에서도 서울대 수리과학부 합격 후 재수해서 K대 의대를 갔다가 본과 마치고 다시 서울대로 복귀한 학생도 있고, 반대로 엄마 아빠가 의사임에도 불구하고 공대를 진학했다가 군대 제대 후 다시 수능을 준비해서 결국은 의대로 간 학생도 있다. 모두 훌륭하고 성실한 학생임에도 불구하고 20대 전반기를 거의 진로를 결정하는 시간으로 허비했다는 것은 참 안타까운 현실이다.

　이공계 기피, 의대 쏠림 현상을 본격적으로 이야기하기 전에 잠깐 아이들 학교 진학 관련 이야기를 해보려고 한다.

　애들 고3 때 수시전형 전에 진로를 정하게 된다. 경기도에 있는 애들 학교에서 최상위 다시 말해 120명 중에서 1~10등은 수리과학부 컴공, 전기 전자 분야로 집중했다. 특히 1, 2, 3등은 다 아는 애들이었고 모두 서울대 수리과학부에 진학하였다. 그리고 전체정원의 10% 정도 되는 여학생들이 대부분 의대를 지원했던 것으로 알고 이들의 성적은 중상위권 정도인 것으로 안다.

　영재학교에서 정원대비 의대 진학을 많이 하지는 않지만 조금씩 늘어가는 추세는 어쩔 수 없어 보인다. 물론, 설립취지에 어긋나는 것은 틀림없는 사실이고 이는 '지양'해야 함이 분명하다. 그런데 재학 도중 생명과학이나 의학에 관심이 생겨 의대 쪽으로 진학하고자 하는 학생이 분명히 있고 이 학생 또한 진로를 결정할 기회를 주어야 한다는 데는 동의한다. 비록 우리 애들은 모두 이공계로 지원했지만 말이다.

의대 지원자는 5년 전 당시 대략 10명 정도 되었던 것으로 기억한다. 지금은 조금 늘었는지도 모르겠다. 그러나 이들은 최상위나 상위(5~30등) 정도였지 이른바 '극 최상위(전교 1~5등)'는 아니었다.

난 그때부터 지금까지 공대 기피, 의대 편중현상에 대해서 약간의 우려는 하면서도 크게 걱정은 안 하고 있다. 특히 언론에서처럼 모든 이공계 최상위가 다 의대에 진학하는 것으로 '호들갑'을 떨고 있고 많이 와전되어 있다는 사실을 실제 경험을 통해서 알고 있기 때문이다. 그건 지금도 마찬가지다.

오늘날 수많은 방송 매체가 예전과 달리 이상하게 변질되어 가고 있는 것 같다. 소위 '기레기'들도 많고 어그로 끌려고 정치적으로 '의료계', '이공계' 두 개의 집단을 나누어 싸움을 붙이기도 하고 편을 갈라 갈라치기도 한다. 마치 이공계와 의대가 대립하고 있는 듯이 말이다.

이는 대립하는 것이 아니고 서로 보완적인 분야로 인식되어야 한다. 의대 전문의를 마치고 생명공학 분야 원천기술을 연구하는 분들도 많고, 딥러닝이나 AI 분야에서 공부하다가 뇌과학분야 의사가 되는 분들도 많다.

서울대 수리과학부, 공대를 우리 애들이 합격하였을 때, 주위에서 왜 의대를 보내지 않았냐면서 아깝고 아쉽다는 얘기를 정말 많이 들었다.

내가 대학 다니던 90년대 초에도 이미 의대 쏠림은 시작되고 있었고 특히 IMF 시기를 지나면서 더욱더 공고히 자리 잡은 듯하다. 반면 이공계 쪽은 정부의 투자나 인식 등이 점점 더 약해져 가고 있고 앞으로도 우리나라 과학기술의 미래가 그리 밝지 않다는 사실은 나도 잘 알고 있다. 또한, 개인적으로도 나처럼 평범한 직업보다는 전문적인 라이센스를 가지고 평생직업으로, 경제적으로도 안정된 의사 친구들이 훨씬 좋아 보이기도 하고 부럽기까지 한 것은 '인지상정'이다. 그런데 의사들의 경우도 대체로 경제적 안정이나 사회적 지위는 인정을 받지만, 실제 의사로 자리 잡기까지 일단은 공부 기간과 공부량이 너무나 방대하다.

어렵게 대학에 입학한 후에도 임상이다, 실습이다, 인턴 레지던트까지 공부 기간이 12년에 이르고, 군의관 38개월에 펠로우 2년을 더해, 30대 중반까지 학업 기간이다.

그리고 소위 ROI(투자 대비 성과) 관련해서 따져 보더라도 페이 닥터를 제대로 시작하는 게 30대 후반이며, 40대가 거의 다 되어서 자릴 잡을 수 있다. 자기 병원을 운영하게 된다면 간호사, 관리인력에 월세에 전문 의료기 비용 등 많은 해결해야 할 문제들이 산재해 있다. 정말이지 제대로 자리 잡기는 50이 다되어야 한다는 말도 있다. 언론이나 TV 매체에서 알려진 것과 현실은 많이 차이가 있다.

요즘 폐업하는 의사들 비중이 계속 늘고 있고 실제 페이도 평균의 함정에 가려져서 터무니없는 임금을 받는 의사도 존재하고 있다. 농담으로 의사는 '체력과 재력'이 있어야 한다고들 한다. 밤낮없이 응급환자를 맞거나 소송 거는 환자에 대응하기 위해선 말이다.

　잠깐 아이들 어릴 때의 얘기를 해보려고 한다.

　아이들이 중학교(경기도 소재 일반중) 입학해서 가끔 학교에서 전화를 받았다. "아이가 산만해서 수업 중에 이상한 소리를 하고 자리에 앉아 있지 않는다. 특히 수학 시간에 말도 안 되는 질문을 해서 수업에 방해된다. 영어 시간에는 책상에 계속 코 박고 자고 있는데 간밤에 집에서 무슨 일이 있었나 혹시 게임중독 아니냐"는 학교 선생님들의 걱정과 질타를 받아야 했다.

　지금 돌이켜 생각해보면 아이들은 천편일률적인 중간 정도에 맞춰진 교과 과정에 별로 흥미를 못 느꼈던 거 같다. 그래서 당시 엄마랑 아빠가 같이 고민해서 돌파구를 찾은 것이 바로 영재학교 입학이었다. 중등 내신보다는 수학, 물리 등 '지필고사' 성적을 토대로 입시가 결정되는, 오로지 시험성적으로 결과가 나오는 시험 말이다.

　난 그나마 영재학교 시스템이 무너져가는 우리나라 이공계를 힘들게 버티고 있게끔 하는 장치 중에 하나라고 생각하고 있다. 이런 제도가 없었다면 아마 우리 애들은 일반고에서 인서울을 목표로 열심히 공부는 하지만 별로 적응 못 하는 그저 그런 학생이 되었을 것이다.

　그런데 우리 애들과 같이 다행히 수학 물리만 잘하고 다른 과목은 관심도 별로 없고 성적이 신통치 않아도 입학해서 자신이 좋아하는 수학,

물리에 빠져 살 수 있게 하는 학교가 있다니 참으로 다행이고, 고맙고 바람직한 제도가 아닐 수 없었다.

고등학교 재학 시절 내내 아이들은 의사가 될 생각이나 의료에 필요한 기초과목 등에는 전혀 관심이 없었고 오직 수학 물리만 좋아했다. 그런 아이들이라 나는 의사의 '의' 자도 꺼내지 않고 자신의 진로를 스스로 결정하게 옆에서 지켜봐 주었다.

그렇다고 아이들 생각대로만 판단하게 방치하지는 않았다. 다양한 진로에 대해 아빠가 아는 한에서의 장단점, 예를 들어 의사로 커나갈 때의 어려움 또는 나중에 이에 따르는 보상, 혹은 공학도나 수학자로서의 미래와 현실의 한계와 문제점 등, 아직 어린아이였지만 충분한 대화를 통해 본인의 미래 모습을 조금씩 가다듬고 본인 나름의 생각을 가지고 판단할 수 있도록 도왔다.

의학 분야에 적합한 아이와 과학 분야에 적합한 아이를 이분법적으로 구분하는 것은 극히 위험한 발상이고 또한 같이 해당되는 교집합이 많을 수도 있다고 본다. 다만 좀 더 특화된 성향에 따라 진로를 결정하는 데 조금이라도 도움이 될 수 있다는 가정하에 간단히 기술해 보도록 하겠다. 이건 지극히 개인적인 판단이니 오해가 없길 바라면서 정말 편협하고 개인적인 소견이다.

의료분야 적성

- 공부함에 있어서 실수하지 않고 꼼꼼하고 세심한 성격을 가진 아이
- 대화하는 것을 좋아하고 인성과 매너가 좋으면서 지식 흡수력이 남다르게 발달한 아이
- 자신의 안위와 행복도 좋지만 공동체와 이웃, 사회 발전을 위해 희생할 수 있는 아이
- 반복되는 학습에도 잘 적응하고 엉덩이 힘으로 성실하게 공부할 수 있는 아이
- 생명에 대한 호기심이 많고 생명과 교감하고 헌신할 수 있는 아이
- 상대의 감정을 존중하고 공감을 잘할 수 있는 아이
- 사물에 대해 세밀하게 관찰을 잘하고 손기술이 좋은 아이
- 끈기와 지구력과 참을성이 많은 아이

이런 아이는 가능하다면 의대로 진학하여서 우리나라 의료발전에 기여하고 장차 세계적인 K 의료를 전파하는 훌륭한 인재로 자랄 수 있도록 지원해 주면 좋을 거 같다.

수학 과학 분야 적성

- 상상력과 창의력이 풍부하고 호기심이 많은 아이
- 사물을 있는 그대로 보지 않고 약간 삐딱하게 또는 비판적으로 보고 개선하려고 하는 아이
- 번쩍이는 아이디어가 샘솟고 한 가지만 계속 반복해서 하는 것을 지루해하는 아이
- 뭔가 상상하거나 공상을 하면서 깊이 생각에 빠져서 자기만의 세계를 만드는 아이
- 타기술 분야에 대한 관심이 높고 생소한 분야와도 잘 협력을 할 수 있는 아이
- 어려운 것을 혼자 힘으로 해결하고 이것에 작으나마 성공사례를 만들어 적용하는 아이

이러한 아이들은 수학자 물리학자 과학자로 자라날 수 있도록 가족과 사회가 같이 관심과 애정을 가지고 지속적으로 키워 나가야 국가 경제가 발전할 수 있다.

의료분야 든 자연과학이든 공학 분야든 아이들의 장래 진로를 결정하고 고민할 때 엄마와 아빠는 아이들의 의사를 100% 존중해야 할 것이다. 물론 학생이라서, 아직 어려서 판단이 어려울 수도 있겠지만 지속적으로 아이를 관찰해보고, 또 "너는 앞으로 10년 뒤에 어디서 뭘 하고 있을까?"라는 질문을 수시로 하여 자신의 미래를 그려보게 하는 게 도움이 될 것이다.

개인적인 이야기이지만 내 친구 의사들도 그야말로 '백인백색'이다. 이름 높은 의대 교수에 병원장도 있지만, 아직도 아파트 상가에 월세로 조그만 의원을 하는 친구도 있고, 건물을 올리고 의사 20명을 직원으로 둔 소위 '사장 의사'도 있고 참 다양하다. 그러나 누구든 딱히 부럽다거나 혹은 안되었다거나 하지 않는다. 그저 자신의 인생에 최선을 다해서 열심히 사는 게 더 중요할 뿐이다. 소망이라면 건강하게 오래오래 자신의 업을 잘 수행하면서 행복했으면 한다.

또한, 이공계 분야에 벤처기업을 창업해서 직원 150명 정도를 먹여 살리는 CEO 친구도 있고, 대전 대덕연구단지에서 열심히 기초과학을 연구해서 국가 발전에 이바지하고 있는 박사 친구도 있고, 국내 굴지의 통신 대기업 임원으로 국가 통신산업을 주무르고 있는 친구도 있다. 의사 친구든 공대 친구든 다들 이 사회와 공동체 발전을 위해 하나같이 열심히 일하고 있다.

다시 말하지만, 의사, 수학자, 물리학자, 공학자 모두 다 의미 있는 직업이다. 각 분야의 경중을 비교할 수도 없다. 우리가 경계해야 할 것은 우리의 아이들이 자신의 적성과 능력을 고려하지 못하도록 하는 언론이나 매체의 세뇌와 사회적인 압박이라고 생각한다. 자칫 잘못하면 중심을 잃고 중요한 청춘의 시간을 진로 결정에 낭비하지 않도록 해야 하는데 말이다.

허준이 교수가 위대한 수학자로 자라기 전에 극성스러운 부모의 반대로 의료인의 길을 걷게 되었다면 어땠을까? 좋은 의사가 될 수도 있었겠지만, 지금처럼 세계적인 인재로 자라나기는 쉽지 않았을 것이다. 이는 우리 모두에게 비극이라고 본다.

이공계 기피 현상을 완화하고 정작 이곳에 필요한 인재가 의대 쪽으로 빠져나가는 것을 방지하기 위해서는 장기적 연구 환경을 위한 박사후 연구원의 법적 지위 보장, 석박사 연구생 인건비 제도개선, 대학 내 연구자에 대한 연구지원비 확대 등 구체적인 지원 체계를 마련해서 집중적으로 예산을 지원해야 할 것이다.

인공지능, 반도체 분야 등 미래 먹거리 산업에 대한 집중 지원책도 빨리 실행해서 국제적인 경쟁력을 키울 수 있도록 이공계 과학자들의 처우를 의사 이상으로 개선하는 방안도 검토해야 한다.

경제적으로 현실적인 지원이 필요하겠지만, '의사가 떠난 자리에 남아있는 실력 없는 사람들이 모인 집단'이라는 오명을 깨끗하게 해소할 수 있도록 인식개선이 더 중요하다고 생각한다. 이공계의 성공한 사람들이 이 사회를 이끌어 나가는 모습도 좋다.

아울러 미국 등 선진국처럼 수학 물리 등 기초과학 기술 개발 투자예산을 지금보다 2~3배 이상 확대하는 것도 필수 요건이다.

의료분야 발전을 위해서도 여러 개선이 필요하다. 외과 소아과 등 필수 의료분야 지원이 강화되어야 하고, 의사가 지방에서도 의술을 펼칠 수 있게 하는 시스템 개선이 우선이다. 그간 의사 개인적 희생만 강요했다면 앞으로는 의료 사각지대에서 근무하는 것이 훨씬 좋은 대우를 받도록 하는 제도개선을 통해 해결해야 할 것이다. 수도권 집중 현상을 역행하기엔 쉽지 않겠지만 방법을 반드시 찾을 수 있다고 본다. 의료 수가 부분도 개선하고, 의료 소송으로 일관하는 사회적 분위기도 변화가 필요하다.

이런 것이 해결되면 의사 증원 늘리는 것은 부차적인 문제가 될 것이다. 우리 소중한 아이가 앞으로 의대를 가서 생명의 소중함을 실천하고 건강한 사회를 이루는 데 공헌하는 훌륭한 의사로 자랄 수도 있고, 이공계 분야로 진학하여 수학 과학 쪽에 두각을 나타내서 어쩌면 필즈상 수상자 허준이 교수를 뛰어넘는 업적을 남기는 위대한 과학자로 키울 수도 있다.

다만, 너무 어릴 때부터 어느 한쪽 분야에만 관심을 제한하거나, 경제적 사회적 이유로 본인의 적성과 의사에 맞지 않는 방향으로 장래를 결정하는 것은 우리 부모들이 반드시 경계해야 할 일이다.

"요즘은 의대가 최고니까 우리 아들처럼 최고인 아이는 무조건 의대지"라는 아주 위험한 발상이 아이의 판단력을 흐리게 하여 나중에 아이도 부모도 모두 후회하는 순간을 불러올 수도 있다.

학부모 착각 중 하나가 현재의 입결(입시결과)이 미래에도 계속되리라는 것인데, 8, 90년대 물리학과가 최고였지만 그 학생이 사회에 나왔던 2000년 초에는 이미 정보통신 기술이 최고인 사회였고, 최근 초등학교 폐교에 따른 교대 정원 감축 관련해서도 이미 10년 전부터 문제 제기는 했지만, 신붓감 1위로서 교대 선호 현상은 최근까지 계속되었다가 요즘은 급격히 반대의 상황이 벌어지고 있다.

거듭 강조해서 말하지만, 특히 엄마 아빠의 욕심을 위해서 내지는 사회적 위신이나 명예를 위해서 아이들의 장래를 이용하는 것은 절대 해서는 안 될 일이다.

여기에 필요한 것은 아이들을 인정하고, 존중하며, 관심과 사랑으로 대화하고, 엄마와 아빠도 스스로의 자리에서 끊임없이 노력하며, 성취해 나아가는 모습을 지속적으로 아이들에게 거울처럼 보여주면서 함께 하는 것이다.

또한, 챗GPT, AI 등으로 인해 상상 이상으로 변화하게 될 미래에 대한 통찰도 필요하고, 우리 아이들이 주역이 되는 20~30년 뒤를 바로 보는 혜안도 가져야 한다.

여기에는 엄마 아빠의 끝없는 관심과 독서와 공부가 필요하다. 단기적 인기직업을 논하기에 앞서 장기적으로 인간과 사회와 인류에 필요한 인재상이 무엇인지? 우리 소중한 아이가 그렇게 자라기 위해서는 어떻게 준비해야 하는지에 대한 진정성 있는 고민 말이다.

허준이 교수에게 부모로서 아이들과 수학 공부하는 방법이 있냐는 물음에, 초등학생 아들이 문제를 만들고 자신이 문제를 풀고, 아들의 채점으로 정서적인 교감을 하면서 수학을 놀이처럼 하고 있다고 대답했다.

그는 수학을 반드시 잘해야 하는(점수를 잘 받는) 강박보다는 다른 방식으로 평가되는 분위기가 있어야 하는데 그런 환경이 없음에 아쉬움이 있다고 했다. 그리고 수학을 잘하려면 여유와 오랜 기다림이 중요하다고 강조한다. 아마 자신도 한국에서 학교 다닐 때 느꼈던 개인적인 아쉬움과 답답함에서 비롯한 대답인 듯하다. 정말이지 많은 부분 시사점이 있어 보인다.

우리나라 과학기술 발전을 위해 오늘도 불철주야 열심히 연구하고, 공부하고, 실험하고 있는 여러 분야 학생, 연구원분들께 응원의 박수를 보내며 그들의 땀과 노력이 제대로 보상받는 사회가 되길 기대한다.

아울러 소아·청소년, 산부인과, 흉부외과 등 기피하는 비인기 분야에서 밤낮없이 환자를 보고 계시는 의료인 여러분과 지방 도시, 의료 공백이 심한 의료 사각지대에서 등불처럼 외롭게 의술을 펼치고 계시는 한국의 슈바이처 여러분께도 진심으로 응원을 보낸다.

의사도 공학자도 가치 있는 일이고 사회에 꼭 필요한 일임은 분명합니다. 다만 의대 쏠림 현상은 고교 시절 비슷한 성적 대였음에도 차후 경제적 큰 차이를 실감하게 된 기성세대의 생각이 반영된 거라 볼 수 있겠죠. 서울대 공학 박사 출신으로 평범한 아파트에 거주하며 평범하게 사는 사람이 대부분입니다. 지방대 의대 나와도 좋은 집, 좋은 차, 특급호텔, 명품 누리며 사는 사람도 많고요. 공학자는 대기업 임원쯤 달거나 창업으로 대박을 터뜨려야 누릴 수 있는 경제력을 일찍부터 누리는 의사들이 많아요. 그래서 본인은 명문대 공대 나왔지만 상대적 박탈감으로 자식은 의대 보내고 싶어 하는 사람이 많은 겁니다. 의사들은 본인 자식들도 의사가 되길 바라는 사람이 많고요. 서글픈 현실입니다. 의대 쏠림 현상은 사회적 인식이나 언론, 방송 문제보다는 공대 브레인들이 크게 경제적 보상을 받을 수 있는 사회가 되어야 완화 가능할 거라 봅니다.

먼저 이렇게 정성 들인 글을 써주신 데 감사드립니다.
문과는 훨씬 더 심각합니다. 문과생은 고등학생 때는 철부지로 살다가 대학생 때는 죄인처럼 살다가 졸업하면 백수로 삽니다. 초등학생 학부모가 자녀들 적성검사에서 문과로 나오면 망연자실하다는 얘기도 들었습니다.

인문학부는 교양 있는 백수, 철학과는 생각 많은 백수, 사학과는 유서 깊은 백수랍니다. 지금도 전문직과 대기업, 특별한 몇 가지 계통이 아니면 열악한 현실에 직면하고 살지만 앞으로 더 심해질 거 같습니다. 안타까운 현실이지만 이렇다 할 방안도 없어 보입니다. 나라가 가진 게 없고 성장동력이 빠르게 식어가고 내수시장도 쪼그라들고 있죠. 한 번도 겪어보지 못한 세상이 하필 추락하는 시점이라니 안타까워요.

좋은 글 감사합니다. 언제나 아이의 뜻이 최우선이라고 생각하고 아이가 가는 길을 응원하겠다고 다짐했다가도 은연중에 의사라는 직업의 장점을 아이에게 자연스레 들려주곤 합니다. 이중적인 제 마음이 투영된 것이겠죠. 의대 쏠림 제발 극복됐으면 좋겠습니다. 또한 글 읽으며 다시 한 번 중심 잡고 아이 편에 서기로 다짐해 봅니다.

웬만한 신문 칼럼보다 날카롭고 진정성 있는 글이었던 것 같습니다. 많은 시간 고민한 내용과 경험이 담겨있는 글이라고 느껴져서 더욱 꼼꼼히 읽어보게 되었네요. 글쓴이님의 다른 글들도 잘 챙겨보겠습니다. ^^*

7 문돌이라서 "문송합니다"

문사철의 미래와 인문학의 중요성

네이버 카페에서 많은 학부모가 "아이가 문과 체질이긴 한데 나중에 졸업하면 취업이 어려울 것 같아서 걱정입니다. 억지로 이과로 보내야 할지. ㅠㅠ"라며 진로 고민을 이야기한다.

아이의 장래가 달린 문제라 생각이 많을 것이다. 아마 대치동 최고의 입시 전문가라도 이런 질문에 쉽게 답을 하긴 어려울 것 같다. 국가적으로나 거시적으로 문·이과가 같이 발전하는 건강한 사회를 바라지만 정작 본인 자녀들 진로 문제에 있어서는 심각한 고민을 할 수밖에 없다. 개인적으로 문과적 경험과 이과적 경험을 모두 다 해본 나의 소견을 3가지만 나열해 보겠다.

첫째, "대학교 입학만으로 인생이 결정되지 않는다."

수험생을 키우는 많은 학부모가 그 대학만 가면, 또는 그 과만 가면 인생이 완벽하게 결정될 것이라고 생각한다. 그러나 옛날과 달리 현대는 급변하는 기술변화와 이에 적응해야 하는 주기가 과거 10년 정도였다면 요즘은 2~3년 만에 패러다임 변화가 일어난다. 쉽게 말해 '대세'라고 했던 분야가 소리소문없이 사라지고 어느샌가 새로운 트렌드가 유행을 하고 있다.

당장 애들이 대학 특정 수업 과목에 적응하기 힘들 것을 걱정해서 엄마 아빠의 의지대로 아이의 전공을 결정짓는다고 하면, 아마도 아이들이 졸업할 때는 자기중심을 잡지 못하고 또 다른 새로운 트렌드에 밀려서 부초처럼 떠다니게 될 것이 뻔하다.

학부 때 인문학을 했다가 관심이 있는 기술분야가 생겨서 자연과학이나 공학을 하는 학생들도 수없이 많고, 반대로 학부 시절 자연과학을 공부하다가 기술경영이나 기술마케팅 쪽으로 석박사를 하는 경우도 허다하다. 최단 거리로 빨리 목표에 도달하는 것도 좋지만 자기만의 길을 찾아 좀 시간이 걸리더라도 하나씩 성취하는 게 100년 긴 인생에서 나름 좋은 경험이라고 본다.

그러니, 부디 너무 단기적으로 아이들 장래를 단정 지어서 예단하거나 하여 정작 아이가 하고 싶거나 흥미가 있는 분야를 못하게 만드는 실수를 하지 않았으면 한다.

둘째, "문과 이과 융합형(통섭형) 인재로 키워야 한다."

요즘 인기 있는 인재상은 '르네상스형 인재'이다. '다빈치형 인재', '통섭형 인재'라고도 부른다. 이 인재상은 한 가지 분야에만 빼어난 지식을 가진 이른바 '전문가'가 아니다. 문과. 이과, 예체능을 가리지 않고 다양한 분야의 지식을 함양한 사람이다. 박학다식함으로부터 뿜어져 나오는 창의력으로 문제를 해결하는 인재이다.

그래서 예전 입시는 고등학교 때 문·이과를 구분하여 대학도 각각 지원하게 했지만 문·이과 통합 트렌드는 이미 시작되었고 아직은 제도적으로 조금 미비함이 있긴 하지만 조만간 완전하게 실현되어 자리 잡을 것이다.

"국어 영어 사회 잘하면 문과, 수학 물리 잘하면 이과" 이렇게 이분법적을 두부 자르듯 구분하는 것은 전근대적 발상이다.

국어를 못하는 이유는 문해력과 독해력이 떨어져서이고, 수학을 못 하는 이유는 논리력과 사고력이 부족해서이다. 물론 선천적으로 타고난 머리가 어느 정도 있다고는 하지만 대부분의 교육학자, 심리학자들은 문과 머리 이과 머리가 따로 구분되는 것이 아니라, MBTI 성격 유형처럼 학습하는 유형(논리력, 사고력, 분석력, 조합력, 문해력 등등)이 조금씩 다르다고 말한다. 쉽게 말해 한 분야를 잘하면 다른 분야가 약한 게 아니라, 둘 다 잘할 수도 있고 또 둘 다 약할 수도 있다는 얘기다.

21세기 정보통신 혁명의 주역 스티브 잡스의 애플과 아이폰은 워즈니악의 컴퓨팅 엔지니어링 기술에 잡스의 '인문학적 마인드와 시장과 사람의 사회적 행태를 통찰하는 능력'으로 인해 탄생하였다.

또 이미 다들 알겠지만 '페이스북'도 마크 저커버그와 역사전공인 크리스 휴스의 합작이었고, 빌 게이츠도 문학잡지 편집장 스티브 발머가 있어서 '윈도우'를 만들 수 있었다.

과거로 거슬러 올라가 보면 근대 과학의 창시자인 아이작 뉴턴도 과학자이자 문학자 철학자였으며, 미국의 초대 대통령 벤저민 프랭클린은 발명가, 과학자인 동시에 뛰어난 정치가였다.

국내에서도 문·이과 통합인재가 이미 금융 공학 설계자, 도시설계공학

디자이너, 교통통제 제어 인류학 전문가, 게임개발사의 마케팅 홍보이사 등 융합 분야에서 전문가로 많이 활동하고 있다.

서울대 하버드대에서 생명공학(동물학)을 전공한 이화여대 최재천 교수는『통섭의 식탁』이라는 책에서 '통섭형 인재'의 중요성에 대해서 역설하고 있다.

'통섭형 인재가 무엇인가?'라는 질문에 그는 "한 분야에 전문성을 가지면서도 타 학문에 대해서도 두루두루 융합적 사고능력을 가진 사람을 말한다. 또 여기에 시대변화를 알아차리고 비판적 사고를 겸하는 사람이라고 하겠다"고 대답한다.

덧붙여 그는 앞으로의 사회는 "한우물만 파면 첫 직장밖에는 보장이 안 되는데 나머지 넷, 다섯, 여섯 번 직장은 어떻게 할 것인가"라고 학생들에게 반문하면서, 앞으로AI(인공지능) 시대에 필요한 통섭형 인재로 거듭나기 위해 필요한 여러 역량을 갖추어야 한다고 역설한다.

그 역량들은 대체로 다른 미래학자들과 일치하는데, 협력collaboration, 의사소통communication, 콘텐츠content, 비판적 사고critical thinking, 창의적 혁신creative innovation, 그리고 자신감confidence 등이다.

우리 부모들은 아이들 자신이 궁금하고 호기심이 있는 영역에서 공부를 시작하여 자연스럽게 인문사회적 소양이나 혹은 과학적 소양을 쌓아갈 수 있도록 옆에서 잘 지켜봐야 한다. 또한, 아이가 다양한 관점에서 문제를 바라보고 문제의 본질을 파악하고 또 그에 걸맞은 다양한 해결책을 찾는 소양을 키우도록 늘 함께 대화하고 진로에 대해서도 같이 고민해야 한다.

셋째, "과학기술 발전과 인문학의 발전은 같이 간다."

이제는 포스트 팬데믹 시대이다. 팬데믹 3년간 사회 각층의 불균형이 훨씬 심해졌다. 여기에 AI 등 과학기술은 급속도로 변화하고 발전했다. 과학기술 발전이 때로는 인간의 존엄성을 위협하기도 하고, 기존의 생산·산업 체제를 뒤바꾸기도 했다. 소위 '인간소외'가 심각한 상황에 와 있다고 본다. 일자리는 점점 줄어들고 삶은 팍팍해져 간다. 식당에서는 키오스크가 나를 반긴다.

최근 오픈 AI, 챗GPT를 경험한 사람은 알겠지만 더 이상 간단한 정보나 지식은 크게 중요하지 않다. 예전에 좀 알았던 지식을 가지고는 직장에서 버티기조차 힘든 시기이다.

다만 이럴 때 일수로 AI가 만들 수 없는 '지혜'가 필요하며 이것의 기본 바탕은 '인간에 대한 끊임 없는 탐구와 성찰'이다.

인문학이 바로 이것을 채워 주는 아주 간단한 도구이다. 수천 수백 년 동안 인간의 본성, 인식론, 존재론에 대해서 끝없이 연구한 고전이 잘 정리된 인간연구의 총체가 바로 인문학에 담겨져 있기 때문이다.

카이스트 이광형 총장은 AI 시대에서 과학기술과 인류와 공존을 위해서는 "인간으로서 흔들리지 않는 철학적 뿌리를 갖고 있어야 하며 여기에는 인문학도 함께 발전해야 하며 그럴 수밖에 없다"고 말한 바 있다.

혹자는 '인문학의 위기'라고 하지만 이게 만약 정말 위기라고 한다면 이는 '인류 전체에 위기'가 될 것이다. AI, 빅데이터, 4차 산업혁명, 메타버스 등 새로운 기술이 끊임없이 생겨나고 있지만, 어느 순간 우리는 양적 성장의 한계에 부딪히면서 과학기술만으로는 해결하지 못 하는 '인간 소외'와 같은 질적 성장 저해 등의 문제에 직면하고 있다.

로봇이나 기술로 대체할 수 없는 '의사소통, 배려, 화합, 리더십, 협력 등 소프트 스킬'이 중요해지면서 인문학적 소양을 갖춘 인재는 오히려 예전보다 더 중요하고 필요한 존재가 될 것이라고 본다.

미국을 비롯한 선진국뿐 아니라 우리나라에서도 100대 주요기업 임원의 전공이 (최근 이공계 비율이 조금 높아지고는 있지만) 경영, 경제, 역사, 법학, 철학 등 인문학 전공자가 절반 정도 차지하는 것도 이를 방증하고 있다. 물론 시차적인 문제는 따져봐야 하겠지만….

만물유전^{萬物流轉}이라고 하였다. 불변하는 것은 이러한 변화의 법칙뿐이며, 이 법칙에 의하여 세계는 끊임없이 변화하면서도 질서가 유지된다.

우리 아이들이 사는 미래세상도 지금보다 훨씬 상상 이상으로 변화가 계속될 것이고 또 그 변화 안에서 인간은 끊임없이 거기에 적응하면서 살게 될 것이다.

새가 한쪽 날개로만 날 수 없듯이 과학기술 쪽으로만 편향된 세상에서 아이들을 살게 할 수는 없다. 그러니 엄마 아빠들도 이러한 균형을 위해 함께 고민하고 아이들 진로를 결정하였으면 한다.

내가 내린 결론은 문사철의 미래는 과학기술의 미래처럼 똑같이 밝다고 본다.

★

글 감사히 잘 읽었습니다. 경험담 댓글을 말씀하셔서 조심스럽게 올려봅니다. 저희 부부는 문과 출신인데, 같이 금융계로 취업해서 남편은 주재원과 대표를 역임했습니다. 문과 출신이지만 숫자를 다루는 금융계이기 때문에 엑셀데이터 속의 수많은 숫자를 분석해서 의사 결정합니다. 분야별 엔지니어들의 모델링 데이터도 받아서 의사결정에 사용합니다. 저는 이 금융 분야에 책도 사내용으로 지필하였고, 남편은 강사로 출강도 했습니다.

또한, 저는 해당 분야의 해외 법인 설립 프로젝트에도 참여하여 개발자들과 함께 시스템개발도 했습니다. 해외 글로벌 비즈니스기 때문에 해외 출장도 15개 도시 이상 다녔습니다(장점이기도 하고 단점이기도 합니다). 어떤 비즈니스든 사람과 사람이 하는 일입니다. 문과 출신의 촉도 중요합니다. 문과 출신이라고 숫자나 시스템에 멀지 않고, 시스템 유저로서 개발자들의 기술을 빌려서 잘 구축하면 됩니다. 문과 홧팅!

★

문 이과 통합형 인재가 가장 바람직한 건 사실이죠. 저도 이과 나와서 쭉 그쪽 직업으로 일하고 있지만 글을 읽는 게 좋고 글을 쓰는 로망을 가지고 있거든요. 정재승 교수님처럼 과학자면서 책도 내시고, 오은영 박사님처럼 의사이면서 책을 잘 쓰는 그런 사람들이 너무 부럽더라구요. ㅎ

저희 아이도 아직 구분을 잘못하겠어요. 이과 성향도 있고 문과 성향도 있고, 글을 잘 쓰고 영어를 좋아하지만, 또 사회 국어 교과수업은 싫어하고 수학, 과학도 재밌어하는 중이거든요. 그런데 현실은 아직은 문, 이과를 일단은 선택해야 하고 직업적인 부분에서도 융합해서 할 수 있는 일이 가시화되어 있지 못하다 보니 (물론 제가 잘 몰라서도 있겠죠. ㅎ) 진로 선택을 어떻게 도와줘야 하나, 그런 부분은 아는 게 없어서 고민되더라고요.

더 많은 지혜와 정보를 아는 분들의 댓글 저도 기다려보겠습니다.

글을 늦게나마 오늘 접하고, 큰 울림이 있어 다른 글들도 계속 정독 중입니다.

저희 아이는 초등부터 중1까지는 천문, 물리를 공부하고 싶어 하다, 중2 무렵 경제, 인문 쪽 책들을 보며 맛을 보더니, 중3에는 완전히 문과로 진로의 방향을 틀어서, 지금은 언론, 사회, 철학 분야로 관심을 갖고 있습니다.

그나마 문과에서 유망한 경제, 경영도 아닌 인문분야 진로라 부모된 입장에서 걱정이 많은 게 사실입니다. 요즘 이과 아니면 살기 힘든 시대라고 주위에서도 모든 매체에서도 말하니, 문과 진로 잡은 아이의 미래가 걱정도되고, 이과로 다시 틀어주길 내심 기대하고 있었어요. 학교 선생님들도 전교권인 아들 성적으로 문과 지망하는 학생은 오랜만에 보신다고 했다네요.

덕분에 문과 과목 선생님들의 귀염을 받고는 있지만 부모로서 자식이 좀 더 편하고 안정된 진로를 갖기 원하는 마음이라, 겉으론 네가 원하는 걸 해야지 하면서도, 속마음까지 100% 지지하지는 못한 게 사실이거든요….

그런데 알힘이 님의 글을 읽고 안되는 것만 생각하던 저를 반성하게 되고,

아이의 미래도 어둡기만 하지는 않을 수 있다는 희망을 가지고 응원을 해줘

야겠다고 다시 한 번 마음을 다잡아 봅니다.

좋은 글을 써주셔서 너무 감사드리고, 계속 좋은 글들로 삶의 지혜를 나눠

주셨으면 좋겠어요^^

8 아들 키우는 엄마들에게

꼭 하고 싶은 이야기 5가지

엄마는 아빠와 다르다. 아이를 자신의 배속에 10개월 품고, 또 죽을 것 같은 산통을 이겨내며 자식을 낳고 키운다. 참 거룩하고 고마운 일이다. 그런데 그런 엄마가 선의로 한 행동이 오히려 아이를 망치는 경우도 많다.

오은영 박사, 김지윤 소장 등 대부분 아동 청소년 정신치료 및 상담 전문가들이 여성인 경우가 많지만 남성 전문가는 별로 없어 보인다. 이번 글은 지극히 남성의 입장에서 개인적인 조언이니 가볍게 들었으면 한다.

첫째, 아이는 엄마와 신체적, 정신적으로 완전히 분리된, 독립된 인간임을 인정해야 한다.

속된말로 '아이를 겉으로 낳지 속으로 낳냐?'라는 말이 있다. 이것이 정답이다. 내가 낳은 자식인데 왜 저렇게 다를까? 고민하는 엄마들…. 그게 정상이다. 같으면 유전자 복제다….

유년기 대부분 독박 육아를 하는 엄마들에게서 정서적으로 아이를 독립적 존재로 인정하는 것이 쉬운 일이 아니다. 그러니 자꾸 이런 말이 나온다. "내가 널 어떻게 키웠는데". "이런 게 다 널 위한 거야" 같은 말들. 이런 말들은 가장 하지 말아야 하는 말이다.

반응은 두 가지다. 하나는 엄마 말은 무조건 들어야 한다는 생각에 아이의 생각과 창의력이 함몰되고 사라진다. 다른 하나는 "누가 낳아달라고 했어"라고 반항하며 더 이상 엄마와의 교감을 멈추게 된다. 아들의 경우는 후자의 경우가 아마도 대부분일 것이다.

엄마들은 명심하자. 탯줄이 떨어지는 순간 하나의 독립적인 인격체가 완전히 분리된 것이고 그게 자신의 분신이라고 절대 생각하지 말아야 한다.

둘째, 칭찬하고 또 칭찬하고 또 칭찬하자.

칭찬은 고래도 춤추게 한다. 아이들의 인정욕구는 자신감과 자존감 생성에 밑바탕이 된다. 특히 남자들은 여아에 비해서 인정욕구가 훨씬 크다.

우쭈쭈 해주면서 칭찬하면 아이는 아직 서툴거나 자신이 없는 분야에 대해서도 뭔가 해보려는 의욕과 열정이 생긴다. '나도 잘할 수 있겠다'가 모든 성공의 출발이다. 과학적 의학적으로도 칭찬을 듣는 아이는 두뇌에서 도파민 등 호르몬이 분비되면서 의욕이 상승하고 기분이 좋아진다고 한다. 그런데 엄마들은 칭찬에 인색하다. 왜냐하면 다른 엄마들 아들과 비교하기 때문이다.

'엄친아'와 비교를 시작함과 동시에 육아는 망친다고 보면 된다. 이건 100%다. 돌이켜 보라, 본인 자신이 어렸을 때 엄마한테 가장 듣기 싫었던 말이 뭐였는지. '지적'이 정말 하고 싶더라도 아이들 마음 다치지 않게 돌려가면서 순화해서 지적하자.

어렵게 일기를 쓰게 해놓고 검사한답시고 오탈자부터 지적하는 엄마가 있다. 이 엄마는 세 가지를 놓쳤다. '일기 쓰기'라는 독해력, 문해력을 키우는 좋은 툴을 망쳤고, 엄마와 교감하고 싶은 아이의 간절한 바람을 꺾어 버렸으며, 매일매일 일상의 소중함을 표현코자 하는 문학적 의지를 깎아내렸다. 큰 사건이다.

엄마들의 비교를 사전에 방지하기 위해서는 또래의 '비슷한 학원 다니는 엄마들 수다 모임'에 참석을 안 하는 게 좋다. 특히 별 소득도 없이 하루 반나절 날려 먹는 시시콜콜한 카페 수다 같은 모임 말이다. 이럴 시간에 1~2명 전문가로부터 배우고 상담하는 게 백배 낫다.

그리고 칭찬은 고도의 지성과 마음의 여유가 다 같이 필요하다. 칭찬할 지점에 대해서 관찰하면서 시의적절한 상황에 맞게 또 그에 걸맞은 언어로 칭찬해야 하니 말이다. 말이 쉽지 실제 제대로 하기에는 정말 쉽지 않은 일이다.

한편으로는 긍정과 칭찬이 좋은 교육 효과를 내지만 남발하였을 때는 타성에 젖어서 오히려 역효과를 불러올 수 있다는 것이 전문가들의 지적이다. 아이가 적당한 긴장을 유지할 수 있도록 서투른 행동으로 인한 실패까지 과도하게 칭찬하는 것은 좋지 않고 행동의 결과보다는 과정을 칭찬하고 또 구체적으로 한 행동에 대해서 지목하여 칭찬하는 것이 더욱 효과적일 것이다.

앞서 열거했듯이 칭찬한다는 것도 참 쉽지 않다. 그럼에도 불구하고 우리 엄마들은 당장 오늘부터 최대한 해보자!

셋째, 아이는 가르치거나 싸워서 이길 대상이 아니고 사랑으로 이끌어 주어야 하는 대상이다.

엄마의 분노와 화를 아들에게 푸는 경우가 많다. 물론 원인 대부분이 애들인 것은 맞다. 옷 입는 거, 방 정리정돈, 침대 위, 책상 위, 빨래 등등 집안에 모든 일이 다 맘에 안 든다. 반말도 하고 태도도 불손하고 공부는 뒷전에 게임에 핸드폰에 가관이다….

미안한 얘기지만 원인과 결과를 바꾸어 보면, 이런 모든 결과에 원인 제공은 부모님, 특히 가정에서는 엄마다. 억울하지만 어쩔 수 없다. 아이들이 태어날 때부터 그러지는 않았을 테니. 여러 차례 강조하지만 엄마는 권위적이 아닌 '권위'를 가지고 일관된 훈육을 해야 한다.

엄마 기분에 따라 이때는 되고 저 때는 안 되고 하는 '고무줄' 같은 잣대가 아이들을 혼란하게 한다. 안 되는 것은 안 되는 것으로 선을 확실히 그어야 한다.

특히 폭력 행위, 학교 수업을 빠지는 행위 등 사회적 규범과 같은 기준은 혹독하게라도 지키도록 원칙을 정하고 잘 타일러야 할 것이다. 남아의 경우 초등 5학년만 넘어도 신체적으로 엄마를 압도하기 때문에 더욱더 '말발'이 먹힐 수 있는 훈육을 미리미리 준비해서 하도록 하자.

이러한 권위가 먹히려면 평소에 약속도 잘 지키고, 아이들 눈높이에서 대화도 자주 하고, 엄마 스스로 배울 게 많고 스스로 존경받는 사람이 되어야 할 것이다. 쉽지 않지만 노력해야 한다. 추천할 책으로 『사춘기 기적을 부르는 대화법』이 있다. 참고 바란다.

넷째, 엄마의 정서적 안정과 여유가 중요하다.

엄마들이 육아만 하는 게 아니라, 워킹맘도 많고 시댁 식구 챙겨야 하는 경우도 많다. 연로하신 노부모를 챙기는 일도 신경이 많이 쓰이는 일이다. 또한, 직장 내에서도 워킹맘은 이중고에 시달린다. 치열한 사회 현장에서 경력단절 등을 이겨내고 남성들과 경쟁에서 살아남기 위한 노력으로 이미 진이 빠진 상황에서, 가정에 돌아오면 완전히 파김치가 되고 방전이 되어 있다. 이런 엄마들이 육아에 올인하는 것은 '수퍼우먼'이 아니고서야 불가능에 가깝다.

그러나 현실 자체를 바꿀 수는 없다. 인정할 것은 인정해야 한다. 내려놓을 것은 내려놓아야 한다. 사회적으로 성공을 위해서는 자녀 교육이나 자식 농사는 중간 이하로 갈 수밖에 없다. 둘 다 억지로 다 잘하려 하지 말고 선택과 집중을 해야 할 것이다.

다만, 이러한 상황에서 둘 다 망치는 우는 범하지 말자. 직장에서 좀 못나지만, 애들을 멋지게 키우는 것도 인생에 있어 큰 기쁨이다. 엄마들이 좀 더 여유를 갖고 마음수련을 해야 한다. 운동도 꾸준히 하고, 명상, 독서, 산책 등 마음을 다잡고 정서적인 안정을 위해 노력하자.

특히 명상에 대해서는 나도 많은 효과를 보았으니 꼭 실천해보았으면 한다. 하루 10분 차분하고 평온한 마음으로 하는 명상의 장점이라고 하면, 현실의 강한 집착을 내려놓는 데 효과도 있고 공황장애 등 우울증을 순화하고, 좀 더 객관적으로 한발 떨어져 사안을 볼 수 있는 지평이 생긴다.

엄마가 달라지면 가정은 달라진다. 오늘부터 오롯이 본인만을 위한 작은 선물을 하나씩 준비하기 바란다. 엄마가 일상에서 즐겁고 행복하게 살고 있는 모습을 보며 자라는 아이는 이미 정서적으로 행복하고 충만해져 있을 것이다.

다섯째, 남편 흉보지 말고 남편과 역할 분담을 통해 보완하는 현명함을 가져야 한다.

주말에 애들이랑 시간 좀 보냈으면 하는데 남편은 너무 이기적으로 보인다. 주 중에 술에 절어서 늦게 퇴근하거나 빨리 퇴근한 날도 한 10분 애들이랑 대충 노는 척하다가 방에 박혀서 게임하거나 소파와 합체가 되어서 TV 삼매경이다.

집안일이라도 좀 도우면 그 시간에 자신이 아이들 좀 챙길 수 있을 텐데, 쓰레기 종량제 봉투 버리는 것 정도 외에는 하는 일도 없고, 시키는 것도 지쳤다. 아이들 앞에서 흉보고 싶어 미칠 지경이다. 아들도 아빠가 이러는 것 잘 안다. 그런데 의외로 엄마 편이 아니고 아빠 편이 많다. 아들이 아직 어리지만 '남자'라는 공통분모가 있기 때문이다.

아들은 엄마가 아무리 노력해도 채울 수 없는 그 무언가가 있다. 바로 어른 남성으로서의 아빠의 존재 자체이다. 아빠를 보고 남자로서의 자신의 미래를 그려본다. 그런데 엄마랑 맨날 말싸움하거나, 아예 대화를 안

하거나 또는 주눅이 들어 왜소한 아빠의 모습을 오랫동안 보고 자란 남자아이가 나중에 가정 내에서 가장으로 제대로 역할을 할 수 있겠는가?

힘들겠지만, 자식 키운다는 맘으로 남편의 '하루를 어루만져 주고 기를 살려주어야' 한다. 부부간에 함께 할 수 있는 간단한 스포츠나 취미도 좋다. 같이 있는 시간에 아이들 육아, 교육에 대해서 서로 견해를 얘기하고 보완하며 지혜를 모으면 좀 더 나은 방향이 생기기 마련이다.

특히 중학교 들어가면 더 이상 엄마의 말을 듣지 않게 된다. 이때부터는 아빠의 역할이 막중하다. 학습적인 면 생활적인 면 모두 아빠가 좀 더 깊숙이 관여해야 하며, 갑자기 불쑥 할 수도 없다. 초등 때부터 아이랑 땀과 살 냄새로 친해지면서 얻은 교감을 지속적으로 가져가야 할 것이다.

아무런 노력도 안 하고 있다가 갑자기 교육전문가 강연 한번 보고 와서는 '자 이제부터 대화하고 밥도 항상 같이 먹고, 운동도 같이하고'와 같은 프로그램을 시전(?)하는 아빠들은 제발 정신 차리길 바란다. 하루아침에 될 일이었으면, 오은영 박사 프로그램이 5년간 계속되겠는가?

엄마 아빠의 역할 분담에 따라 같은 목소리를 내고 한 방향으로 이끌어 나아가는 '훈육일치도'가 아이들의 사춘기 시절 방황을 막고 안정된 정서를 가진 아이로 자라게끔 도와주며, 나중에 학업에도 열중하게 되는 데 있어 필수적인 요소임을 명심해야 할 것이다.

이상, 간단하게 5가지로 정리해 보았으며, 다음 편에 아빠들에게도 전해드릴 말을 정리해 보도록 하겠다.

맞아요. 지금 시행착오 끝에 서로서로 길들이는 중인데, 엄마의 권위와 칭찬이 젤 중요한 것 같아요. 일방적인 게 아닌 지속적인 대화와 약간의 스킨십, 그리고 내가 너를 위해 이런 노력을 하고 있다는 걸 보여주다 보니 아이도 느끼고 따라와 주더라고요. 아직 시작이라 중학교 가면 어찌 될진 모르지만. ㅜㅜ 암튼 본문의 글이 딱 와 닿습니다!
좋은 글 감사합니다.

동감입니다! 권위적이지만 위압적이지 않고 맘을 터놓을 수 있을 만큼 친근하지만 만만한 관계는 아닌 그 정도의 선을 만들어주는 게 부모 자식 사이에서 부모의 역할이라고 생각해요.
다음 글도 기대 하겠습니다!

아이의 인정욕구! 칭찬하고 또 칭찬하기. 이게 왜 이렇게 어려운지요.
아이가 잘하는 점은 당연한 거고 부족한 점은 보이면 꼭 한마디 하게 되는 거 같아 반성합니다.

9 아들 키우는 아빠들에게
꼭 하고 싶은 이야기 5가지

나도 아빠로서 아이들 초중고 대학까지 교육 뒷바라지하면서 느꼈던 소회와 경험들을 후배 아빠들에게 솔직한 이야기로 많이 전달해주고 싶었다. 앞 글에서 여러 차례 언급한 바 있지만, 아이들 교육에 있어 아빠의 영향력은 거의 절대적이라고 할 수 있다. 그러나 그 사실을 아는 아빠들은 매우 드물다. 그리고 그것이 가정 교육갈등의 가장 큰 문제라고 보인다.

　첫째, 아들은 아빠가 생각하는 거보다 10배, 훨얼-씬 그 이상으로 아빠를 보고 닮아간다는 것을 꼭 명심하라.

　오늘도 여전히 막 나가는 아들한테 퍼부어 대는 엄마의 잔소리에 우리 아빠들은 "때 되면 하겠지. 뭘 그렇게 다그쳐?" 하면서 아들 편을 든다. 그리고 본인은 아무것도 안 한다.

　일이 바쁘다는 핑계로, 몸이 피곤하다는 핑계로, 회사 김 부장의 잔소리와 엄청난 스트레스로, 대부분의 교육과 육아를 아내에게 맡기고 있는 이 시대 아빠들에게 한마디 한다면, 이대로 아들을 방치해 두면 '당신 이상으로 절대로 사회적으로 성공하거나 공부를 잘하거나 장가를 잘 가거나 하지 못한다'고 말해주고 싶다.

이는 비난도 저주도 아니다. 당연히 그렇게 된다. "아무것도 하지 않으면 아무것도 일어나지 않는다." 아들은 아빠의 매일매일 일거수일투족을 관찰하고, 배우고, 자기 스스로에게 적용해 본다. 책에서만 배우는 게 아니라, 아빠랑 같이 운동하면서, 사우나 하면서, 카드놀이 하면서, 밤하늘 별을 바로 보면서, 일상을 함께 생활하면서 몸으로 체득한다. 아빠들은 이러한 사실을 늘 염두에 두고 아이들과 공부며 놀이며 대화를 같이 해 나가야 할 것이다.

애들 앞에서 술에 취해 주사를 부리거나, 엄마를 무시하거나, 욕설을 하거나, 교통신호를 안 지키거나, 할아버지께 불효를 저지르거나 하는 그 모든 좋지 않은 모습들이 아들의 어리고 싱싱한 두뇌에 각인되어 평생토록, 절대 잊어먹지 않는 기억으로 남는다. 특히 유년기의 안 좋은 기억들은 평생 간다. 아빠들도 한번 자신이 어릴 적 트라우마를 돌이켜 보라.

아들은 아빠의 그림자를 보고 자란다. 아들이 관객이고 나는 무대 위에서 연극하는 배우라고 생각하고 본능에 역행하면서 당분간 살아야 한다. 죽도록 힘들겠지만, 가급적 금연도 하고, 절주도 하고, 운동도 좀 해서 배도 넣고, 독서도 좀 하고, 뭔가 있어 보이는 아빠인 척도 하면서 말이다. 미안하지만 적어도 10년 정도는 유지해야 한다. 아빠의 숙명이다.

둘째, 제발 벼락치기로 아이들 육아와 교육을 해치울 생각으로 접근하지 마라. 그냥 하루 10분이라도 매일매일 같이 놀아라.

우리 아빠들이 가장 많이 하는 실수가 선무당이 사람 잡듯이, 우연한 기회에 교육 육아 서적 한두 권을 감명 깊게(?) 읽거나, 청소년 진로 관련 좋은 강연을 듣고 와서는 '자! 오늘부터 시작해 볼까?'라며 자기만의 교육 철학과 이것을 실천할 구체적 계획까지 거창하게 짜와서 아이들 앞에서 갑자기 프레젠테이션을 시전하는 일이다.

애들 교육이 중간 기말고사 시험 치르는 것도 아니고 3일 날밤 새워서 해치우려(?) 든다면 과연 효과가 있을까? 애들은 황당해하면서 "갑자기 울 아빠가 왜 이러지?" 하며 멈칫할 것이다.

매일매일 어렸을 때부터 차근차근 긴 시간 동안 따뜻한 말 한마디와 같이 흘리는 땀 한 방울, 따스한 체온이 전해지는 포옹 한번이 아이들 교육과 정서 안정에 훨씬 도움이 되고 지속되는 힘도 크다. 그래서 최대한 아이들이 어렸을 때부터 아빠와의 공감대를 형성할 수 있는 여러 장치를 미리미리 준비하고 차근차근 실행해 나가야 한다.

혹시 그간 여러 이유 때문에 어려웠다면, 과거는 모두 잊고 오늘, 당장, 지금부터라도 아이와 10분이라도 '뭘 같이 할까'를 매일매일 짬을 내서 생각하고 고민해서 반드시 행동에 옮기기 바란다. 운동이든, 보드게임이든, 독서토론이든, 산책이든, 영화관람이든 뭐든지 간에 좋다.

유종선 님은 『하루 15분 아빠 놀이터』라는 책에서 엄마와 아이의 시간만큼이나 아빠와의 시간도 아이의 정서적 성장 균형에 중요하다고 강조한다.

그는 아빠 몸에 매달려 있는 아이는 약간의 위험을 느끼면서도, 아빠가 자신을 붙잡아주고 있다는 생각에 안심하며 안정감과 유대감을 갖게 된다고 하였다. 육아전문가들도 성장기에 아빠와 함께 많은 시간을 보낸 아이들은 성인이 되어서 성공할 가능성이 더 높다고 한결같이 얘기하고 있다. 그리고 그는 아이와 놀이를 함에 있어 다음 3가지를 강조하고 있다. 그것은 "첫째, 아이를 있는 그대로 사랑한다. 둘째, 아이의 몰입을 방해하지 않는다. 셋째, 학습이 아닌 즐거움을 추구한다"이다. 모두가 쉽지 않지만 매우 중요한 덕목이다.

아울러 김정은 유형선 님의 『탈무드 교육의 힘』에서 저자는 가족이 함께하는 시간은 자녀의 자존감 형성에 큰 영향을 미친다고 하였다. 가정이라는 울타리 안에서 편하게 쉴 곳이 있고, 또한 부모가 자신을 언제나 사랑하고 있다는 든든한 지지를 받고 자라나는 아이는 어떠한 고난과 실패의 상황에서도 꿋꿋하게 다시 일어날 힘이 있다는 것이다. 그러니 우리 아빠들은 아이들과 함께 하는 시간을 조금이라는 늘리기 위한 노력을 당장 오늘부터라도 꼭 실천하길 바란다.

셋째, 아들의 경쟁심과 승부욕을 꺾지 마라.

특히 남아들이 여아들과 가장 다른 점은 경쟁심이 강하고 승부욕이 세다는 것이다. 〈동물의 왕국〉을 보면 아마도 확 와 닿을 것이다. 수컷은 집단이나 무리에서 경쟁에 밀리는 것이 치명적인 것이라는 것을 본능적으로 안다. 이는 선천적, 유전적인 특성이며, 고쳐야 하는 나쁜 습관이나 태도가 절대로 아니다. 잘 조절해서 오히려 키워줘야 하는 능력일 것이다.

가끔 운동하면서 과도하게 몰입하다 보면 승부에 집착하는 아이들이 꽤 많다. 남아들 유아 청소년기에 나타나는 자연스러운 현상이며, 이때 어른인 아빠는 나중에 사회생활에 지장이 있을까 봐 염려되어서 혼을 내거나 의욕을 꺾으려고 하는 경우가 많은데, 대체로 이런 좋은 의도가 아이들에게 안 좋은 결과로 이어지는 경우가 많다.

남아들은 자기를 알아봐 주었으면 하는 '인정욕구'가 넘쳐나서 그런 본능이 생활에서 드러나는 것인데 이를 심하게 억누르거나 막게 되면 아이는 의지가 꺾여 매사에 소극적인 아이로 자랄 수밖에 없다. 사람이 소극적이면 부정적이고, 부정적이면 비관하고, 그러면 인생에 발전이 없다.

상대에게 물리적으로 피해를 주거나 하는 심한 충돌은 자제를 시켜가면서 잘 조절하되, 남자아이의 기를 죽이거나 자존감을 낮추거나 하는 언행을 하지 마라. 이건 아빠가 할 일이다. 엄마들이 하기에는 여러 가지로 벅차다.

아들이 커서 나중에 안정적으로 평범하게 살아가는 가장이 되는 것도 나쁘진 않지만, 사회적으로 인정받고 싶어서 경쟁하고 승부욕을 가지고 열심히 노력해서 거기에 따라 사회적 지위가 높아진다면 그게 제대로 된 교육이 아닐까 한다.

다문화 상담의 선구자인 심리학자 앳킨슨은 "성공을 추구하는 동기가 높을수록 도전적인 과제를 성공적으로 해내려는 성취동기 또한 높아진다"고 말했다. 경쟁에서 무조건 이기려는 것은 욕심이지만 다른 측면에서 보면 이는 성취동기이므로 부모가 긍정적인 방향으로 잘 이끌어 줄 수 있다면 충분히 장점으로 승화시킬 수 있다. 육아와 교육은 결국 부모의 시선에 따라 달라 질 수 있으니 이점 명심해야 될 것이다.

다시 말하지만 남아의 경우 수컷의 본능을 키워서 매력적으로 자란 아이들은 나중에 장가도 잘 간다. 이것은 팩트다. 왜냐하면 이성적으로도 굉장한 매력이기 때문이다. 결혼 적령기 여자들이 배우자 이상형으로 입 모아 이야기 하는 것이 '존경할 수 있는 남자'라고들 하는데, 난 그러한 근성과 승부욕과 같은 매력이 이것과 일맥상통하지 않을까 생각한다.

넷째, 아들의 자기통제력을 반드시 키워주어야 한다.

행동 실험에서 명문대 입학생과 일반적인 학생에게 청기 백기 게임을 시키면 대부분 명문대생 집단이 이긴다. 이는 명문대생이 단순히 머리가 좋다거나 기억력이 뛰어나서가 아니라 '자기통제력'이 좋기 때문이다. 즉 학업성취도=자기통제력이다.

이러한 자기통제력을 기르는 데는 아이들이 어리면 어릴수록 좋은데 정말 죄송한 말이지만, 엄마들은 자기통제력을 가르치는데 그다지 적합하지 않다는 게 나의 생각이다. 물론 다 그렇다는 건 아니지만. 대체로 엄마의 가정에서의 위치, 교육방향과 훈육 스타일이 자기통제력을 기르는 데 있어 도움이 되는 쪽이 아닌 경우가 많고, 가끔은 반대로 가기 때문이다.

엄마들은 자기통제력이 아이들을 강제로 '통제'하면, 키워진다고 착각 하는 경우가 많다. '자기통제력'은 아이가 스스로 선택하고 거기에 책임 을 지고 실패를 인정하면서 자연스럽게 생기는 능력이다. 그래서 가끔 엄 마의 잔소리를 귓등으로 듣고 반항하거나, 자신의 고집을 피우는 아이들 이 오히려 자기통제력을 갖고 잘 버티고 있다고 봐야 할 수도 있다. 아빠 는 이럴 때 옆에서 엄마를 잘 도와주어야 한다.

아이가 이룬 작은 성취를 기분 좋게 만끽할 수 있도록 해주고, 자율적 인 공부습관을 잡도록 목표와 계획을 실천하는데 옆에서 거들어 주면 좋다. 또한 자기행동에 대한 결과에 대해서는 단호하고 엄격하게, 눈에서 눈물이 쏙 빠지게 훈육도 해야 할 것이다.

아빠가 너무 서두르거나 감정 조절을 잘 못 하면 아이들은 더욱 충동 적이거나, 산만해져서 나중엔 통제 불능이 될 수도 있다. 명심하자.

억지로 시키는 일은 반항하고 하지 않던 남자아이들은 자기가 주도해 서 룰을 만들고 적용하고 또 피드백하고 하는 것에는 재미를 느끼며 잘 적응해 나간다. 나중에 자라서 사회성을 키우는데도 자기통제력은 많은 영향을 미친다.

마지막, 아빠들은 부자 아빠가 되어야 한다(특히 부자 마인드가 중요하다).

약간은 세속적이고 속물적인 얘기로 들릴 수 있는 거 안다. "누군 몰라서 부자가 안 되나?"라고 반문할 수도 있다. 물론 물질적인 돈도 해당하겠지만 난 정신적 면을 좀 더 우위에 두고 말해 본다. 그러니 "열심히 돈 벌어 부자 되라는 소리네" 하면서 속단하거나 오해하지 말기 바란다.

마음이 가난한 아빠는 세상에 불만이 많다. 나만 뒤떨어진 것 같고, 삶에 의욕도 없다. 40대 초반이 되도록 이룬 것도 별로 없고 몸도 슬슬 하나둘씩 고장 나기 시작한다. 아이들 학원비에 허리가 휠 지경이고, 아내는 아이들 건사하느라 나는 뒷전이다.

사회는 그야말로 정글이고, 녹초가 되어 돌아온 집에서는 제2의 출근 '아이들 육아, 교육'이 기다린다. 그러나 대부분의 아빠들이 이런 상황에 놓여져 있지만 여기에 굴하지 않고 새로운 돌파구를 찾아 적극적으로 헤쳐 나간다. 부자 마인드가 있는 사람들이다.

성공한 사람을 볼 때 가난한 마인드는 아들 앞에서 "저거 다 부모 잘 만나서, 운빨이 좋아서 그렇게 된 거야" 하고 애써 깎아내리지만, 부자 마인드는 아들 앞에서 "우리도 같이 열심히 해서 저렇게 멋지게 이루어 보자!"라고 다짐한다.

내가 가장 싫어하는 강연이나 유튜브 콘텐츠는 무작정 '위로'하는 것이다. "그래 수고했어, 그만해도 돼, 넌 사랑받기 위해서 태어났어" 등등. 위선은 집어치우기 바란다.

그래서 남는 게 과연 무엇인가? 현실은 냉혹하다. 자본주의 사회다. 아이들 교육도 상당 부분 자본이 투입되지 않으면 차이가 날 수밖에 없는 현실을 인정하자. '천민자본주의'니 뭐니 하는 사람들 말은 이상적이고 고결해 보일 수 있지만 거기에 만족했다가는 결코 잘살 수 없다.

자본주의가 철저히 인간을 소외시키고 냉혈한 같은 이데올로기라고 사람들은 말한다. 그러나 난 생각이 조금 다르다.

2023년 탄생 300주년이 된 영국의 철학자이자 경제학자인 애덤 스미스 하면 모든 사람들이 『국부론』을 떠올린다. 50대 중반에 자신의 모든 철학적 경제학적 지식을 집대성한 '보이지 않은 손'을 주요 골자로 한 국부론도 인류 최고의 명작이지만, 나는 개인적으로 30대 후반에 집필하여 평생 수정본을 쓴 『도적감정론』을 더 우위로 둔다. 이기심과 탐욕이 극에 달한 자본주의에서 '인간의 양심과 동정심, 공감 능력에 대한 통찰'을 통해 인류의 연대와 화합을 강조한 명작 중의 명작이라고 확신한다.

애덤 스미스 본인도 묘비에 '『도덕감정론』을 쓴 애덤 스미스 여기 잠들다'라고 써달라고 하였으니 말이다.

안다. 우리 아빠들은 매일 매일 경제적 상황에 대한 고민이 많다. 당장 아파트 전세금도 올려줘야 하고, 회사에서 사활이 걸린 프로젝트에 올인해야 되고, 다음 주에 아이들 수학학원도 좋은 곳으로 옮겨야 되고, 영어 과외도 시켜야 되고, 그게 현실이고 매일매일 우리 눈앞에 벌어지고 있다.

'경제적 자유'를 위해서도 부단히 노력해야 되겠지만, 그와 더불어 "나는 성공할 수 있다"라는 부자 마인드와 자신감을 갖고, 일하고 남들보다 2~3배 노력해야 한다. 현재 월급으로 부족하다면 새로운 '파이프라인'을 만들어야 한다. 노후대비도 해야 한다.

원론적인 잔소리인 거 알지만, 분명 40대부터 주위에 성공한 사람들이 나타나기 시작한다. 왜 남들은 40대 중반부터 쭉쭉 성공 가도를 달리는데 나는 그대로일까? 미안한 얘기지만 그건 아무것도 하지 않기 때문이다.

부자 아빠 밑에서 부자 아들이 자란다. 결코 돈 이야기가 아니다. "마음의 가난도 대물림된다." 반대로 생각이 부자고, 모든 일에 긍정적이고, 매사에 희망적인 아빠 아래서 자란 아들은 그런 모습들이 자신에게 투영되어 자연스럽게 그렇게 부자로 자라게 된다. 물질적으로도, 정신적으로도, 몸도 마음도 다…. 그러니 제발 오늘부터 당장 아들과 나를 위해 좀 더 자유로운 삶을 위해 단 하나라도 실천하자.

이상 우리 아빠들이 마음에 깊이 새겼으면 하는 5가지를 정리해 보았다. 나도 그 세월을 겪었고 또한 아직도 진행 중이다.

오늘도 치열한 경쟁 속에 살아남기 위해, 이 세상에서 가장 소중하고 사랑스러운 처자식을 지키기 위해서 이른 새벽부터 한밤중까지 앞만 보고 뛰고 있는 우리 아빠들을 맘속 깊이 진심으로 응원한다.

제가 아이들 아빠에게 하고 싶은 말, 원하는 말, 아들을 키우며 생각했던 말들 느꼈던 점들이 다 들어 있습니다.^^ 다만 개인 가정사로 다다다다 아빠를 갑자기 몰아세우는 느낌을 받게 될 수도 있겠다는 생각에 시차를 두고 보내려고요. 다시 봐도 공감되는 말이고 매일 아이 아빠에게 하고 싶었던 말들이 글로 표현돼있네요.
좋은 글 감사합니다. ^^

와 처음에 글 제목만 보고 훈계하는 글이겠네, 하고 넘어가려다 읽어봤는데 정말 감동 받고 배우고 갑니다. 구구절절 맞는 말이라고 느껴집니다. 한때 자녀에게 영감을 주는 아버지가 되고 싶다고 생각했을 때도 있었는데, 영감은커녕 사회생활에 찌들어 자녀 교육은 아내에게 맡겨놓고 관심도 없고, 밥상머리 교육을 제대로 하지 않는 무책임하고 엄하기만 한 아버지가 되어버린 저를 돌아보게 됩니다. 써주신 글 복사해놓고 가끔씩 읽어봐야겠습니다. 귀한 가르침 감사드립니다.

10 자주적이고 독립적인 아이로 키우는 대화법 전략 4가지

오늘도 엄마는 말썽꾸러기 아이들을 어떻게 잘 가르쳐서 사람 한번 만들어 볼까? 고민하면서 유튜브에서 상위 1% 엄마의 대화법, 아이 창의력 높이는 법, 공부 잘하는 아이 부모의 특징 등등, 수많은 동영상을 찾아본다. 또 이걸로도 성에 안 차 바쁜 시간 쪼개서 도서관에서 앉아 공부도 하고 서점에서 책도 사본다. 서점에는 아이 교육 지침서들이 섹션 하나를 통째로 차지할 만큼 수없이 많은 신간 서적들이 쏟아져 나와 있다.

또, 주의력 결핍, 과다행동 장애와 같은 심각하게 문제를 일으키는 아이의 경우는 정신 의학 전문가 상담을 받기도 하고 오은영 박사님과 같은 아동심리 치유 전문가의 공개 강의도 참석하여 열심히 배우고 주옥같은 명언들을 듣고 또 가슴에 새긴다.

집에 돌아와 방에 처박혀 있는 아들과 대화 한번 해보려고 말을 꺼낸다. "학교에서 밥 잘 먹었니? 숙제는 했니?" 여기에 날아오는 답은 딱 한마디다. "네" 끝이다.

더 궁금한 것도 없고, 괜히 이것저것 말하다 보면 잔소리하는 것 같아서 대화를 끝내고 만다. "그래 공부 열심히 해라." 이게 전부다.

대부분의 아이들 키우는 집에서 일어나는 상황이고 뭐 그렇게 놀라운 일도 아니다. 이렇게 하루, 이틀, 한 달, 두 달, 1년, 3년, 지나가다 보면 아이들은 어느새 고등학생이나 대학생이 되어서 기숙사로 자취생으로 엄마, 아빠 품을 떠나간다. 나중에 시집 장가갈 때쯤이면 어색한 만남으로 이어진다. 이것이 우리 인생이다. 봄날도 가고, 청춘도 가고….

　수많은 교육전문가가 입 모아 하는 말이 "아이들과 가슴을 열고 대화해라. 대화해라. 대화해라"이다. 조선 시대 정승을 지낸 수많은 학자도 오죽했으면 자식들을 교환해서 가르쳤을까? 이는 『논어』에서도 나오는 말이다. 세상에서 가장 어려운 것이 부모·자식 간에 대화하는 것이라고…. 이론은 그럴싸하지만, 실제 하려면 정말이지 쉽지 않은 일이다.

　나는 너무 디테일하게 대화법 자체를 열거해서 설명할 생각은 없다. 자기주도성을 높이는 대화법, 창의력 키우는 대화법, 정서발달 대화법 등등 수많은 전문가가 책도 쓰고 동영상도 제작해서 원하면 쉽게 구할 수 있다. 시간 되면 잘 찾아보길 추천한다.

　다만, 이러한 아주 상세한 대화법 전술을 쓰기 위한 전략이 필요한데, 이러한 큰 전략을 말해주는 전문가는 의외로 별로 없어 보인다. 그래서 대화법을 일상에서 실제 해보기 전에 미리 꼭 가져야 할 엄마 아빠의 마음가짐과 자세에 관하여 4가지 정도 간추려서 나의 의견을 말해 볼까 한다.

1) 아이들을 존중하는 마음가짐을 갖고 예의로서 대해야 한다.

　인생에 있어 오롯이 100% 자신이 원해서, 선택한 인연은 배우자뿐이다. 즉 남편과 아내뿐이다. 내 아버지, 내 어머니도 내가 선택한 게 아니고 사랑스러운 아들, 딸도 나의 선택이 아니다. 그냥 태어난 것이다. 아이들 입장에서 아빠인 나도 자신들이 '아빠'라는 사람으로 원하고 선택해서 얻은 인연이 아니다. 우린 실존주의 철학에서 말하는 "세상에 내던져진 존재"다.

노벨 문학상 수상자였던 장 폴 사르트르는 그의 책 『실존주의는 휴머니즘이다』에서 "인생은 B와 D 사이에 있는 C이다"라고 했다. 즉 인생이란 Birth(탄생)와 Death(죽음) 사이의 Choice(선택)이라는 뜻이다. 인간은 선택권 없이 태어나긴 했지만 우리 모든 삶은 스스로의 선택에 의해서 살아간다는 의미이다.

다시 말해 아이들 입장에서는 엄마 아빠가 자신을 낳아준 소중한 사람이기는 하나, 자신은 독립적인 존재로 살아가야 할 운명임을 깨닫게 되면서 스스로 선택하고 거기에 책임을 지면서 자주적인 인생을 살아간다. 앞서 잠깐 언급했지만, 아이가 자신의 분신이나 소유물이라고 생각하는 순간 "너는 내 거니 내 생각대로만 해"라는 공식에 따라 모든 대화가 이루어지게 된다. 대화 자체의 내용이 아무리 아이들한테 좋고 효과가 있을지는 모르겠지만, 근본 자체가 틀렸으니 이러한 생각으로 나눈 대화는 아이들한테 별 소용이 없는 그저 그런 잔소리로 전락할 수밖에 없다.

그럼, 존중하는 마음가짐은 어떻게 표현해야 할까? 윤지영 님의 『엄마의 말 연습』에서 존중의 말은 '인정의 말', '긍정의 말', '다정의 말'이라고 한다. 먼저 아이 감정을 인정하는 말로 아이는 위로와 공감을 배우고, 긍정의 말로 아이의 결점과 한계 대신에 장점과 가능성에 주목해서 용기와 확신을 가지고 행동하게끔 되고, 마지막으로 다정의 말로 인해 아이는 언제나 사랑받는 존재로 믿고 의지하면서, 어디서든지 당당하고 친절한 아이로 자랄 수 있게 된다고 한다.

'예의'를 가지고 대하여야 한다. 방법은 여러 가지로 찾을 수 있다. 일단 대화 당사자 모두 기분을 좀 가라앉히고 하는 게 좋다. 대화에도 예열이 필요하다. 화난 상황에서는 대화가 안 되는 건 당연하다. 또한, 존칭을 쓰는 방법도 있고, 주어 동사 목적어 등 대화 문장을 완성형으로 쓰는 법도 있고 하니 세부 방법은 잘 찾아보기 바란다.

미국 소아정신과 지나영 교수의 이른바 '하숙집 요법'이란 게 있다. 자신에게 최면을 걸어 애는 내 아들이 아니고 내 집에 하숙하는 학생이라고 생각하고 늦게까지 게임 하는 아들한테 "야 컴퓨터 끄고 빨리 자라"라는 말 대신 "우리 하숙집은 11시 취침을 위해서 소등하는데 주위 여러 사람이 계속 게임 하는 소리가 난다고 컴플레인을 하는데, 어떻게 생각하시는지?"로 바꿔 보라고 권한다. 약간 과한 감은 없지 않으나 일종의 자기객관화 연습을 해보라는 말일 것이다.

아이들 학교 다닐 때, 사춘기 때 엄마가 했던 수많은 실수와 이기심으로 비롯된 상처와 아픔에 대해서 60대가 되어 후회하면서 눈물짓는 많은 책과 글들을 볼 수 있다.

이런 예견된 전철을 나중에 또다시 밟는 것은 어리석은 일이다. 젊은 엄마 아빠들도 세월이 흘러 먼 훗날 회한과 반성의 눈물 흘리지 말고 지금부터, 당장 오늘부터 예를 갖추고 아이들을 대하자.

2) 엄마 아빠는 항상 권위 있는 자세를 가지고 일관되고 단호하게 가야 한다. (부드러운 카리스마)

손주 보러 놀러 오신 할머니가 가시는데, 아들한테 "우리 ○○이 할머니께 인사하는 게 어때?"가 맞을까, "○○아 할머니 가신다. 인사해"가 맞을까?

육아 교육책도 좀 보고 공부 좀 했다는 엄마들도 실수를 많이 하는 것 같다. 당연히 "인사해" 하고 지시하는 것이 맞다. 권유형으로 할 것은 따로 있다. 뭔가 선택의 여지가 있는 상황일 때이다. 학교 가는 거, 숙제하는 거, 방 청소하는 거, 세수 양치질하는 거, 웃어른에게 인사하는 것과 같은 일상에서 아주 기본적인 것들은 '그냥 하는 것'이며 하기 싫어할 때 '지시의 대상이지 권유의 대상'이 아니다. 왜 자꾸 이런 것들을 이해시키고 심지어 '설득'하려고 하는지 모르겠다. 다만, 그것의 방법과 순서 등에 대해서는 아이가 선택할 수 있도록 하면 되는 것이다.

엄마들은 힘들다. 너무 하나하나 챙겨주다 보면 아이가 주체성이나 자율성 없이 자라서 나중에 커서도 엄마에게 의지만 할 것 같고, 또 반대로 네가 다 알아서 하라고 하면 자신이 매정한 엄마라는 생각이 들어 미안하고, 아이들이 아무것도 못 하고 있는 모습이 너무 딱하고 불쌍해 보이기까지 한다. 많은 엄마가 '자유와 자율'을 헷갈린다. 아빠들은 어떤 때는 심하게 통제만 하거나 또 아예 방임한다.

'자율성'은 아이가 자기 일을 스스로 선택하는 기회를 가지고 결정해 보는 경험들을 통해 길러지는 능력이다. 후천적으로 가르치고 훈육하여 만들어 내는 능력인 것이다. 다시 말해서, 가만히 두면 스스로 자라는 능력이 절대로 아니다. 이런 과정을 거쳐 훈육이 된 아이들은 그 이후에 자기인식을 하고 판단하고 조절하려고 노력하는 단계를 스스로 배우면서 성장한다.

반대로 '자유'는 굉장히 이념적인 단어이며, 어찌 보면 현실에서 보다 이상적으로 추구해야 되는 가치라고 보인다. 일상에서의 자유는 내가 보기엔 별로 없어 보인다.

자율적이고 주체적인 아이로 자라기 위해서는 어릴 적부터 성장 단계별로 제한적인 자율성을 부여하고 차근차근 그 범위를 넓혀 나가면 될 것이다. 단, 한계를 명확히 정하면서 말이다.

방목을 해도 울타리는 있게 마련이다. 그럼, 이러한 울타리의 범위를 잘 조절할 수 있는 합리적인 방법을 생각해보자. 아이들 해야 할 일을 하나하나 대신해준다기보다는 슬쩍 대안을 제시해 주는 방법이 제일 좋은 것 같다. '넛지'라고 하는데, 쉬운 예로 남자들은 다 알겠지만 남자 소변기에 파리를 그려 놓으니 그 파리를 맞추려고 거기에 집중으로 사격(?)을 해서 화장실 위생과 청결을 동시에 해결했다는 '넛지' 대화법이란 한마디로 '타인의 선택을 유도하는 부드러운 설득법'이다. 자세한 내용은 자녀에게 '갑질'하지 않는 부모가 되려면 『넛지 대화법』이라는 책을 읽어보기 바란다.

엄마 아빠는 반드시 해야 할 것과 선택적으로 하는 것에 대해 구분을 명확히 하여 '해야 하는 것'은 규칙을 만들고, 그것은 반드시 지켜야 된다고 각인시켜야 한다. 다시 말하지만 '해야 하는 것'에 대해서는 아이들을 설득하거나 이해시키려고 하지 말아야 한다. 금전적 보상이나 물질적 보상도 별로 도움이 안 된다. 80~90년대 유행하던 행동심리학 이론을 적용하여 스티커를 주고 하는 것들은 전근대적 방식이다. 아이들이 무슨 침팬지 같은 동물 실험 대상도 아닌데 말이다.

요즘 부모들은 온실 속의 화초를 잘(?) 키우기 위해 정말 노력을 한다. 물도 주고 비료도 주고 하면서…. 그러나 우리 아이들은 야생에서 혹독한 한파와 폭풍과 소나기를 견디어 내면서 살아나가야 하는 운명에 있다는 것을 명심하자.

소아청소년 정신과 의사 하정훈 박사는 어려서 통제력은 "카시트 찰때부터 해야 된다"고 한다. 아무리 하기 싫어해도 생명과 안전을 위해 무조건 해야 하는 일은 해야 하는 것이다.

훈육은 가르치는 것이 아니라 훈육되는 것이다. 거기에는 엄마 아빠의 권위와 일관성 있고 단호한 태도가 가장 핵심일 것이다.

3) 긍정적인 태도로 공감하여 주는 부모가 되어 대화하자.

늘 상위권을 유지하던 아들이 실수해서 100점을 예상했던 시험에서 85점을 받았다. 학교에서 돌아와서 풀이 죽어서 밥도 안 먹고 방에서 나오지도 않는다. 위로도 해주고 격려도 하고 싶은데….

이럴 때일수록 아이한테 곧바로 '아이고 우리 아들 괜찮아 괜찮아' '다음에 잘하면 돼. 힘내'라고 바로 말하지 말고 아이 마음에 좀 더 집중해서 '아빠도 시험 망친 날은 기분이 너무너무 안 좋아서 네 할머니한테 엄청 화풀이했었는데…. 너도 지금 그런 맘이구나?'라고 공감하며 말하면 좋다. 그러면 아이는 자기 마음이 살짝 누그러들면서 약간이라도 공감해 주는 아빠에게 마음의 문을 연다. 그다음에 격려하고 의욕을 북돋워 주는 말을 해 주어도 늦지 않고, 아이는 아빠의 응원에 힘을 얻어서 자신감을 가지게 될 것이다. 즉 아이들의 '생각 주도권'을 아이한테 넘겨주는 것이 중요하다.

아이들이 실수했거나, 혹은 실패했거나, 잘못했거나, 잘못된 환경에서 피해를 보았거나 여러 안 좋은 상황에 놓여 있을 때, 막연한 위로를 하거나 반대로 잘못만을 지적하는 것보다는 스스로 생각하는 시간을 조금 갖게 한 후에 이제까지는 잊어버리고 앞으로 잘할 수 있다는 희망을 심어주는 것이 좋다. 더 잘할 수 있다는 메시지와 긍정적인 마인드가 아이들 맘속에서 자라날 수 있도록 도와주자.

"고난은 감추어진 축복이다"라는 말도 있지 않은가?

엄마 아빠들도 인생 살다 보면 알 것이다. 일상의 모든 일은 양면성이 있다. 좋은 일에도 마가 끼는 법이고, 전화위복이라는 말도 있다. 달도 차면 기우는 법이고, 실패는 성공의 어머니라고 하기도 하고, 불행과 행복은 늘 같이 찾아온다. 어떤 관점으로 보느냐에 따라 불행도 행복이 되고, 실패도 성공이 된다.

지나친 낙관주의는 경계해야겠지만, 항상 잘되는 방향으로 긍정적으로 말을 하고 그에 맞게 행동하다 보면, 걱정되거나 불안해서 아무것도 안 하는 것에 비해서는 항상 결과가 좋게 나타난다.

아이들에게 한주먹 크기에 해당하는 작은 실패에 대해서 잘했다고 칭찬하여 주면 그 실패를 두려워하지 않고 불굴의 의지를 하나씩 둘씩 키우게 된다. 그 과정에서 "성공 여부보다는 일단 실행했다는 것이 대단한 일이야"라고 치켜세워 줄 필요도 있다.

다시 말하지만 아이에겐 적절한 좌절이 필요한 것이다. 아이가 감당할 수 있고 치유할 수 없을 정도의 상처로 남지 않는다면 이는 그야말로 '최적의 좌절'이라고 할 것이다. 견딜 수 있는 좌절은 겪어도 된다. 아니 겪으면 오히려 좋고, 인생의 큰 자양분이 된다.

앞으로 사회에서 겪을 수많은 난관과 장애물을 이겨내고, 실패해서 넘어져도, 떨쳐 일어나는 의지를 스스로 키우기 위해서는 이러한 실패에 대한 칭찬이 가장 중요하다고 본다. 학자들은 어려운 말로 '회복 탄력성'이라고 한다.

반대로 성공한 사람, 전교 1등 영재와 같이 부러움의 대상이 되는 사람들에 대해서도 본인의 자격지심에 따라 질투하거나 시기하거나 평가 절하해서 깎아내리거나 하지 말고 "너도 저렇게 할 수 있고 아빠도 저렇게 되려고 하루하루 노력하고 있어"라고 하면서 긍정적 에너지를 같이 높여가야 할 것이다.

미국의 유명한 조웰 오스틴 목사는 『긍정의 힘』에서 "말은 씨앗과 비슷하다. 무의식 속에 심어져 생명력을 얻고 뿌리내리고 열매를 맺는다. 긍정적인 말은 우리 삶을 긍정적인 방향으로 이끈다"고 하였다. 엄마 아빠가 이러한 긍정의 힘을 믿지 않으면 애들도 마찬가지다.

부모가 자녀에게 주는 긍정의 메시지는 바로 믿음과 사랑이다.

4) 엄마 아빠가 본인 스스로 행복한 인생을 사는 모습을 많이 보여주어야 한다.

아이들과의 대화법을 잘 알려주는 베스트 셀러 『부모의 말』저자 김종원 작가는 영재 아빠들은 '자기들이 잘 알아서 컸어요', '제가 뭘 하라고 한적도 별로 없던 거 같아요'라고 대답한다고 전한다. 그러면서 왜 그런지 살펴보니 그런 아빠들의 공통점은 대부분이 학자, 교수, 전문직이 많았다고 한다. 그래서 일상에서 항상 자기 분야 발전을 위해 연구하고, 사색하고, 공부하고, 책을 쓰고 하기 때문에 본인 내면의 변화를 지켜볼 줄 알고 이걸 말로 표현하는 게 일상의 대화에서도 자연스럽게 스며들어서 완성도 있는 대화가 이루어진다고 했다.

모든 아빠가 학자가 되라는 말이 아니다. 다만 자기 분야에 열정을 가지고 항상 고민하고 실천하는 아빠가 있다면 아이들과의 대화는 뭔가 의미 있고, 따뜻하며, 행복의 향기로 가득하지 않을까 싶다.

엄마 아빠가 행복해하면 아이들은 그것만 바라보아도 행복한 아이로 자란다고 한다. 아이들 눈에도 자아실현을 위해 열심히 공부하고 일하고 독서하며, 자기 계발하는 엄마 아빠가 멋지게 보인다. 아이가 "나도 저렇게 멋진 엄마 아빠가 되어야지"라고 인식하는 순간 굳이 세부적이고 테크니컬한 대화기법이 필요하지 않을 수도 있다.

"행복은 전염이 된다." 사회심리학자이자 의사인 니콜라스 크리스타키스의 말이다. 그는 "행복한 부부는 아이 행복을 18% 증가시키고, 불행한 부부는 아이 즐거움을 14% 감소시킨다"고 하면서 육아에 있어 부모 행복의 중요함을 강조했다.

아이들한테는 항상 '네가 좋아하는 일을 하고 살아라'라고 강조하지만 정작 이 시대 우리 부모 중 좋아하는 일을 하면서 사는 이는 드물다. 솔직히 나도 예외는 아니다. 게다가 최고의 농구 스타 서장훈 선수도 얘기했듯이 나도 '즐기면서 하는 사람이 최고', '즐기는 자를 따를 수 없다'라는 말은 거짓말이라고 생각한다. 최고 정점을 찍은 농구선수도 그 자리를 유지하기 위해서 정말 죽도록, 끊임없이, 연습하고 또 연습하고 또 했다는 것이다. 될 때까지…. 우리의 인생이 그렇다. 그런데 그런 과정에서 얻은 보람과 만족이 결국 행복으로 다가온다고 나는 확신한다.

어려운 말로 '성실'이다.

교육의 가장 궁극적인 목적은 아이가 자주적이고 독립적인 사람으로 잘 자라서 세상에서 자기의 꿈을 이뤄내고 행복하게 사는 것일 것이다.

아이 문제로 교육 상담을 요청하는 대부분의 엄마 아빠는 대체로 본인도 행복하지 않은 경우가 많다는 게 전문가들 말이다. 반대로 부모가 행복하면 아이들 교육에 큰 걱정을 안 한다고 한다. 걱정 없이 안정되고 평온한 환경에서 자란 아이들은 행복하게 살게 될 확률이 높다는 것은 당연한 이치다.

아이들 키우는데 '경제적 자본' 못지않게 중요한 게 '심리적 자본'이다. 엄마 아빠의 삶이 풍요롭고 여유가 있고 정서적으로 넉넉하다면 그것이 자연스럽게 대물림된다고 할 것이다.

그런 점에서 나는 가정 내에서의 교육과 육아를 '자녀 중심이 아니라, 부부 중심으로 옮겨와야 한다'고 생각한다. 부부가 서로 신뢰하고 사랑하고 행복하면 자녀 육아는 자연스럽게 되지 않을까?

오늘도 저마다의 자리에서 아이들 미래를 위해 그리고 무엇보다도 본인의 이상, 꿈과 행복을 실현하기 위해 성실하게 땀 흘려 일하고 있는 모든 부모에게 찬사와 격려를 보낸다.

BEST 댓글

책을 출간하셔도 될 정도로 너무 와 닿는 좋은 내용이네요. ^^
특히 2번은 너무나 명료하게 잘 설명해주셔서 고개를 끄덕거리면서 읽었네요.
역시 인생이나 교육 선배님들의 말씀은 늘 빛입니다. ^^

그 어떤 조언서보다도 힘과 확신이 느껴지는 말씀입니다.
선배님~ 살면서 알게 되신 귀한 지혜를 많이 재능 기부해주십시오.

좋은 글 감사해요.
『엄마의 말 연습』, 『부모의 말』처럼 좋은 책도 소개해 줘서 감사해요.
마지막 글에서 교육과 육아를 자녀 중심이 아니라, 부부 중심으로 옮겨와
야 한다. 이 말 공감해요. 부부가 잘 상의해서 같은 방향으로 나아갈 때 아
이도 잘 커가는 거 같아요.

부부가 행복해야 아이들이 행복하다는 걸 알면서도 아이들 문제로 자주 다
투는 요즘 다시 한 번 반성하고 갑니다. 좋은 글 감사해요

11 아이들이 계속 부모 곁에서
머물 거라는 착각

내 이야기를 먼저 해본다. 쌍둥이 아이들이 벌써 대학을 졸업하여 대학원에 다니고 있다. 세월을 돌이켜 보면 시간은 쏜살처럼 참 빨리 지나간다. 그런 만큼 나도 나이 들어감을 여러모로(?) 느끼고 있다. 그리고 불행하게도 앞으로의 시간은 더 빨리 지나갈 것이다.

초등학교 입학할 때, 공교육에 처음 접하는 아이들이 혹시 적응을 잘 못 할까 노심초사하는 마음으로 초등학교 강당에 학부모 좌석에 앉아서 아이들 입학식에 참석했던 게 벌써 17년쯤 전 일이다. 줄지어 서 있는 아이들의 뒷모습을 보면서 한편으로는 대견하기도 하고 다른 한편으로는 학교생활에 잘 적응할 수 있을까? 하는 걱정과 염려가 함께했던 아련한 기억이다.

엄마도 출근해야 하니 어린이집이나 유치원에 아이들을 맡기면서 "엄마, 아빠, 가지 마" 하면서 엄마 옷깃을 부여잡고 훌쩍이는 아이를 뒤로하고, 돌아서는 발이 떨어지지 않았던 그날들이 시나브로 지나가고, 초등학교에 입학하여 소위 말하는 '제도권 교육'에 처음 입성하는 아이들 걱정에 설렘과 분주함으로 보냈던 시간들이 주마등처럼 지나간다.

그러다가, 우연히 내 회사 일로 인해 미국 보스톤 주재원으로 파견되어 아이들과 함께 2년 정도 미국에 체류하게 되었다. 아이들은 미국 초등학교의 자유로운 분위기와 놀이 중심과 원리 중심의 미국학교 시스템에 재

있게 잘 적응하면서 영어와 현지 문화를 같이 체득하고 습득했던 좋은 기회도 있었다.

혹시 귀국해서 수학 과학이 뒤처지지 않을까, 나름 열심히 공부도 시키고 틈틈이 여행, 트레킹, 등산이나 캠핑을 하면서 자연과 하나 되고 호연지기를 기르는 도전적이고 다양한 경험도 하면서 초등학교를 마쳤다.

중학교는 이사한 후 좀 더 좋은 교육 환경에서 시작하려는 욕심으로 혹시 아이들이 초등학교 친구들과 떨어져서 외롭거나 소위 왕따 당하지 않을까 걱정을 하면서, 또한 아이들이 게임과의 전쟁(?)을 큰 부상과 낙오 없이 잘 넘길 수 있도록 잘 살피고, 교감하고, 이끌면서 그 시간을, 다시 말해 중이병 사춘기를 잘 견디었다.

중2 여름 방학쯤에 해외로 여름 휴가 가는 날 아침에 잠깐 짬 내서 호기심에 해본 영재성 검사가 생각 외로 좋게 나와서 대치동 학원을 좀 알아보면서 뒤늦게 아이들이 물리와 수학을 너무나 좋아한다는 것을 알았다. 그 결과 좀 더 이쪽으로 이끈다면 아이들 미래가 좀 더 또렷해지고 밝아질 거라는 막연한 희망이 보였다.

그야말로 운 좋게(?) 영재학교에 입학하고 매주 기숙사에서 나온 빨래를 주말마다 집에서 펼쳐놓아서 집안이 빨래터가 되었던 기억들이 파노라마처럼 지나간다. 그렇게 시간이 가고 고3 때 다른 일반고 애들과는 달리 수시로 좀 편안하게(?) 서울대 입시를 치르고 자신이 원하는 이공계나 수리과학 쪽으로 진로를 택해 대학생이 되었고, 그때부터는 기숙사와 오피스텔로 각자 독립하여 생활하게 되었고 이젠 주말이나 격주 주말에 한 번씩 얼굴 보는 사이가 되었다.

이상으로 지난 15년 정도의 간략히 떠오르는 기억을 필름 영사기 돌리듯 한번 돌려 보았다.

길다면 매우 긴 시간이지만, 지금 돌이켜 생각해보면 또 그리 지루하고 기나긴 터널 같은 어두운 시간은 아니었다. 오히려 잠깐잠깐 회상하면, 입가에 미소가 떠오르는 추억들도 많고, 나름 아쉬운 점도 있었지만 그래도 아빠로서 최선을 다해서 아이들 어릴 적 추억의 일부를 몸으로 함께 했다는 부심도 느꼈던 시간들이다.

현재 아이 중고등학교 보내고 있는 학부모들은 아이 때문에 웃는 날은 별로 없을 것이다. 중이병 걸린 놈들과 말싸움도 힘들고, 학교성적 문제로 고민되고, 연일 오르는 학원비 문제로 걱정이고, 이성 문제도 어렵고, 아이들 장래나 진로 문제로 근심이고…. 하루하루가 온갖 걱정거리와 스트레스로 점철되어 하루가 1년 같고 "애고 이 시간이 언제나 지나가나?" 싶을 정도로 지겹고 한편으로는 고통스러울 것이다. 나도 그랬으니까.

요즘 들어 부쩍 아이들 초등학교 중학교 때 모습이 너무나 그립고 또 보고 싶다는 생각이 든다. 거실 TV에 USB 잭에 녹화되어 저장돼있는 애들 어릴 적 동영상을 가끔 볼 때면 웃음과 눈물이 한꺼번에 밀려온다. 말하기 좀 창피하지만 참 그때가 그립다.

나이가 들면 사람이 과거 지향적이고 퇴행적이 된다고들 하는데 나도 그런가 보다.

근데, 그것이 단지 예전 시간으로 돌아가고 싶다는 막연한 회상보다는, 엄마 아빠의 믿음과 사랑에 완전하게 의지하면서 귀엽고, 밝고, 천진난만하게 웃던 그때의 아이들이 보고 싶어서가 아닐까 한다.

아이들이 기숙사 있는 고등학교에 들어가서부터는 거의 일주일에 한 번 정도나 얼굴 보고 밥 먹고 하는 관계가 되다 보니 싸울 일도 없고 의견 충돌이나 트러블이 거의 없었던 거 같다.

초등, 중등 때 집이라는 같은 공간에서 서로 부대끼고, 싸우고, 또 화해하고, 노력하고, 배우고, 사랑하고, 견디면서 버틴 시간들이 인생에 있어 가장 소중하게 간직하고 싶은 기억으로, 또 좋은 추억으로 남는 시간이기 때문에 우리는 이 시간의 가치를 귀중하게 생각해야 할 것이다.

이 시간이 지난 후에는 참 아쉬운 말이지만 "양육은 끝나고 관계만 남게 된다." 그래서 그 귀중한 시간을 아이들과의 정서적 교류와 교감으로 가득 채워 나가는 게 중요하다.

인간관계학 최고의 베스트 셀러인 팀페리스의 『타이탄의 도구들』에서 저자는 "고등학교를 졸업할 때까지 우리는 부모와 직접 대면할 수 있는 시간의 93%를 이미 쓰게 된다"라고 말한 바 있다. 그리고 그것을 소중한 자산으로 활용하여 나머지 7%의 남은 인생을 살아가게 된다고 전한다.

결국, 초등학교와 중학교까지 10년간 부모와의 소통과 교감이 평생 엄마 아빠와의 정서적 관계에 있어서 중요한 밑거름이 되는 귀한 시간이라는 것이다. 나는 이 말에 공감한다.

다시 말하지만, 지금 현재 초등 중등 아이를 키우는 부모들은 지금이, 그리고 오늘 하루하루가 힘들지만, 버티기 어렵겠지만, 세월이 지난 후 나중에 돌이켜 보면 가장 소중하고 아름다운 시간이 되리라는 것을 꼭 명심하길 바란다. 그러면서 오늘 하루 아이들 교육에 최선의 노력을 다하길 바란다. 정말이지 후회 없도록….

먼 훗날 지난 과거를 돌아보면서 "아, 나는 그때로 다시 돌아가더라도 그때만큼 아이들에게 최선을 다할 수 없을 정도로 정말이지 열심히 했다"라고 스스로 자부심을 느끼고 본인 자신을 칭찬할 수 있도록 말이다. 그러면 아이들은 이미 훌륭하고 멋진 학생으로 성장해 있을 것임이 분명하다.

12 아이들에게 공부가, 대학이 다가 아닐 수 있다는 착각

행복은 성적순이 아니잖아요?

학창 시절 공부 못 했던 학교 열등생이 사회에서 성공하는 경우가 많을까? 있기는 있지만 실상 그렇게 많지는 않다. 미안한 얘기지만 통계적으로도 대부분 학교 열등생이 사회 열등생이다.

직업에 귀천이 없다고들 하는데, '열등생'이라는 표현이 좀 그렇지만 구분하기 위해서 어쩔 수 없이 쓰게 된 점 양해하길 바란다.

그런데 신문, 방송, 인터넷, 유튜브 등에서는 왜 굉장히 흔한 경우처럼 그려질까? 고졸 출신 대기업 CEO, 중졸 출신 성공한 스타트업 대표 등등, 소위 말하는 '썸네일'이 눈에 많이 띈다. 왜냐하면 '자극적인' 주제가 '조회 수'가 잘 나오고 '좋아요'를 많이 받을 수 있으니까.

최근에 심지어 대치동 대형학원 대표가 나와서 "이젠 학벌이 무의미하다. 해외로 눈을 돌려라"고 하면서 학벌 공화국의 문제점을 외치곤 한다. 그런데 정작 본인은 S대를 졸업하고 그 간판을 토대로 학원 강사를 열심히 하다가 결국 대형학원을 키워 왔는데 말이다.

앞서 말한 고졸 신화의 경우도 그 사람이 학교 공부를 안 해서가 아니라 할 형편이 못되었거나, 또는 공부 외에 다른 분야에서 공부에 갈아 넣는 노력 이상으로 피나는 노력을 한 사람들일 것이다. 그리고 대부분의 성공 분야도 자영업을 키우거나 혼자서 투자를 잘해서 되는 경우가 많다. 반면 지금 초대형 인터넷 기업의 CEO는 대부분이 서울대 컴공 출신들이 꽉 잡고 있는 게 현실이다.

"학생의 본분은 공부다." 즉 "학생이라면 죽어라 공부해야 한다." 더 이상 무슨 설명이 필요할까? 논쟁의 여지가 없다.

제발 어쭙잖게 "공부가 전부는 아니잖아"와 같은 말도 안 되는 궤변을 믿지 말기 바란다. 그리고 엄마 아빠들은 요즘 학벌 지상주의 문제점 등에 편승하여 철모르는 아이들이 유튜브 몇 개 보고 와서 '난 공부 말고 다른 쪽에 관심 있어' 하면서 대안도 전혀 없이 공부하기 싫어할 때, 핑곗거리로 사용할 수 있음을 지각하고 '반론'을 확실하게 준비하기 바란다.

지금 중고등 학부모 중 특히 아빠 학부모의 경우(대략 40대 중후반)의 경우 이런 착각을 하는 경우가 종종 있다고 본다. 자신의 친구들이 고등학교 나와서도 또는 명문대가 아닌 소위 '지잡대'를 나와서도 사회적으로 성공하면서 떵떵거리고 사는 모습을 보고 아이들한테도 그런 길이 널려 있을 것이라고 오해하고 있다. 그러나 시대가 바뀌었고 세상이 달라졌다.

당시는 대학이 선택이었다 치면 지금 대학은 그냥 필수다. 대학원 박사가 선택이다. 개인적으로 인사 부서장 업무 경험자로서 말하자면 채용과정에서 그 아무리 '블라인드' 면접이다, 뭐다 해도(나 때는 그것도 없었지만) 대학 간판이나 학점은 채용하는 데 고려를 안 할 수 없는 중차대한 정량적 기준이다.

기업에서 인재 채용할 때 좋은 인재를 고르는 기준으로 가장 중요하다고 보는 것은 '전문성'과 '인성'이다. 그리고 신입 채용의 경우 전문성과 인성은 '학업성취도'와 '성실함'을 토대로 한다. 그리고 그것을 판단하는 근거는 '어느 대학 어느 과 출신에 학점 몇 점'이 그것을 숫자로 확실하게 증명하는 것이다.

이 의견에 반론을 제기할 수도 있다고 본다. 그럼 되묻고 싶다. 과연 학벌, 학점 아니면 15년 이상의 노력한 결과를 뭐로 어떤 근거로 증명할 것인가? 포트폴리오? 자소서? 추천서? 논문? 그간의 경력서? 이런 정성적인 것은 판단이 왜곡되는 경우가 훨씬 많고 단지 부차적인 판단 근거나 보조적인 자료 정도에 지나지 않는다고 나는 생각한다.

그만큼 자신의 10대·20대 청춘을 걸고 노력해서 소위 '좋은 대학'에 입학하고 코피 터져 가면서 근면 성실하게 공부해서 따낸 학점이 그 사람을 평가하는 기준이 될 수밖에 없다. 다른 대안은 미안하지만 난 많지 않다고 본다.

학벌 사회니, 학벌 지상주의니 뭐니 비난하여도 좋다. 그러나 학교의 네임밸류보다도 더 중요한 것은 그러한 학교를 입학하기 위해 청춘을 갈아 넣은 노력의 결과로서의 학벌은 그에 걸맞은 평가와 대우를 받아야 한다고 생각한다. 무조건 최고가 되어야 한다는 것은 아니다.

누구나 1등을 할 수는 없고 경쟁은 언제나 극심하다. 남의 어깨를 짓밟고 경쟁에서 이겨서 무조건 잘해야 한다는 강요를 하라는 것이 아니라

학생의 본분인 공부에 대해서 최선을 다하는 마음으로 성심성의껏 집중해서 자기 시간을 투자하면서 인생을 배우고 헤쳐 나가라는 이야기다.

아이들 친구 중에 정보 쪽 영재여서 정보올림피아드 대상을 타고 코딩 분야에 거의 미쳐있는 학생이 있었는데, 고졸만 하고 대기업에 고액연봉으로 스카웃되어 2~3년 다니다가 결국 다시 컴공 쪽으로 대학을 진학한 경우가 있다. 아이 말이 "아무리 내가 정보 쪽에 천재여도 업계에서 바라볼 때 난 갓 고등학교 졸업한 아기로 바라보며 무시하는 시선이 너무 싫었다"고 한다. 이것이 안타깝지만, 사회의 현실이자 쓴맛이다.

혹자는 말한다. 학교 공부로 성공하는 방법이 10개라면 그 외 다른 방법으로 성공하는 법은 수천 개다. "세상은 넓고 할 일은 많다." 그러나 난 말하고자 한다. "일이라고 다 할만한 일은 아니다"라고….

명문대 간판에 기대지 않고 각고의 노력 끝에 사회 각계각층에서 중요한 역할을 하신 분들을 폄하할 생각은 전혀 없다. 오히려 존경스럽고 박수받을 일이다.

그런데 그런 분들의 속 모를 고충 중 하나는 성공단계마다 항상 남들에게 본인의 자격을 인정받아야 하는 관문을 계속해서 통과해왔다는 것이다. 'S대 ○○과 출신 박사' 한마디면 끝날 일이 수많은 경력증명서와 성공사례, 이력으로 인정받으면서 어렵게 헤쳐나온 것이다.

성공한 사람의 경우 '노력 총량의 법칙'이 있다고들 하는데 결국 그러한 수많이 노력이 학창시절 좀 미진했던 부분을 어떻게든 채웠기 때문에 결국에는 성공의 길로 들어선 것이다.

엄마 아빠들은 아이가 착하고 성실하다고 해서, 앞으로 아이 스스로 잘 알아서 공부하고 커나가리라고 하는 생각을 버려야 한다. 애들 재능이 어느 쪽에 있는지 최대한 어릴 때 빨리 파악하여 그 루트를 잡아 마중물 역할을 하면서 최대한 가성비 있게 지원해야 할 것이다.

우리 부모들은 아이들을 항상 관찰하고 또 관찰해서 아이들의 특장점을 끌어내는 지혜가 있어야 한다. 그리하여 그 분야가 과학이든, 예술이든, 음악이든, 체육 관련이든, 비즈니스 또는 재테크 분야이든, 관심 분야에서 두각을 나타나는 시점에 시의적절한 지원이 아이들의 성공의 열쇠라고 본다.

'게으른 것은 나라님도 어쩔 수 없다'는 말이 있다. 아이들이 게으르다면, 의지가 없다면, 아무것도 하기 싫어한다면 절대로 방치하지 말고 즉시 바로 잡아 주어야 한다. 재능을 이끌어내도록 옆에서 사랑으로 관심으로 지켜봐야 한다. 공부든 운동이든 손기술이든 뭐든지 간에 그 분야에 있어서 성실하게 끊임없이 노력해야만 성공하는 법이다.

학교 다닐 때 하기 싫은 공부를 어떻게든 열심히 했던 사람이, 나중에 사회에서 자기가 진짜 하고 싶은 것을 하게 되었을 때는 과연 결과는 어떻게 될까? 답은 뻔하다. 엄청난 성공이다. 그리고 그 결과에 그 사람은 행복해 할 것이다. 보상을 받은 느낌일 것이다.

'학생 때 공부습관은 평생을 따라다닌다'라는 말이 있다. 학교 다닐 때 무엇이든 대충 읽고 자의적으로 판단하는 아이는 성인이 되어도 고스란히 나쁜 습관을 가지고 사회생활을 대충한다. 그러니 제발 공부해야 할 때 제대로 하길 바란다. 학교에서 배운 국·영·수는 잊어버릴지 모르겠지만, 그때 갈고 닦았던 공부습관은 아이들 인생을 평생 따라 다니면서 영향을 미칠 것이다.

요즘 들어 부쩍 학벌 사회가 무너지고 있다고 많은 사람들이 얘기한다. 그 말을 제대로 해석해야 한다. "학벌이 무너져서 의미가 없어졌다"는 말이 아니라, 이제 더이상 '학벌'만 가지고 결판나는 시대는 지났고 또 다른 경쟁력 있는 무기를 가져야 한다는 의미가 될 것이다. 학벌 하나로 세상 살기가 더 힘들고 어려운 사회가 도래했다는 말이다.

'행복은 성적순이 아니잖아요'라고들 한다. 그러나 학교 간판이, 학교 성적이 행복으로 가는 항공권 일등석이거나 고속전철 특실 좌석표임은 부인할 수 없다. 물론, 낭만을 즐기면서 걸어서도 행복의 길로 갈 수도 있고, 운치 있게 소달구지를 타고 갈 수도 있고, 경운기를 타고 갈 수도 있고, 버스를 탈 수도 있다. 선택은 여러분 몫이다.

★ 사실 대부분의 사람들이 아이 교육에 매진하다가 결과가 좋지 않으면 2번의 착각으로 위로받고 싶어 하죠. 주변의 실제 사례를 예로 들기도 하면서요. 그런데 그런 일들은 제 얘기가 아닌 남의 얘기라는 것이 문제점이죠. 지금도 착각 속에 살면서 또 다른 원대한 착각을 꿈꾸며 도돌이표 삶을 어른인 저도 살고 있는 걸요. 시간이 지나면 알게 되겠지만, 그동안 정신줄 단단히 잡아야 할 텐데요. 다음 이야기도 너무 기대되네요. ^^;

★ IMF 때 학벌의 중요성을 뼈저리게 깨닫게 되었습니다. 앞으로는 학력 인플레가 심해질 거라는 것도요. 저희 때는 상고 나와도 금융권 취직이 되는 시절이었고. 그 시절을 지나 IMF 때 그 고졸들이 학력에 밀려 쫓겨나야 했으니. 시절이 변해도 많이 변했네요. 물론 직업에 귀천은 없다지만 등급은 존재하는 거 같은. 제 개인적인 생각입니다.
참 좋은 글 감사합니다. ^^ 오늘도 반성하며 다시금 정신줄 붙잡아봅니다!

★ 1. 제 아이가 독립할 수 있도록 지원하는 것이 부모 역할이라 생각하고 아이에게도 말하고 있어요. 얼마 남지 않은 함께 보내는 지금 이 시기를 함께 행복하게 보내기 위해 노력하고 있어요.

2. 학생들 오래 지도하며 느끼는 것은 최종 결과보다 학창시절의 근면함이 성공과 더 관련성이 큰 것 같아요. 머리 믿고 대충 공부해서 sky 간 저보다 힘들게 열심히 공부해서 다른 대학 간 친구들이 겉보기에 저보다 더 성공한 경우가 많아요. 하지만 그 친구들이 더 행복하다고 생각하진 않아요. 성적보다는 좋은 성적을 얻기 위한 근면함이 사회적 성공과 더 관련성이 크지만, 사회적 성공과 경제적 안정이 행복도와 비례하는 것은 아니라는 점을 주변에서 많이 봅니다.

⭐

다음번 기대됩니다. ㅎㅎ 아이들에게 공부가 본분이라는 글은 부분적으론 동의하지만, 요즘 많이 변하긴 했어요. 대기업 다니는데 블라인드 채용이라 전공과 역량이 중요하지 어느 대학이냐는 딱히 입사를 좌지우지하진 않아요. 실제로 동료들은 다양한 대학 출신들이고요. 뭐, 서울대나 아이비리그 나왔다 하면 오~ 하고 끝.
학사 석사 박사냐, 어느 전공이냐 정도가 중요해요.

⭐

너무너무 공감합니다. 직장생활 22년 차인데 신입사원들 보면서 같은 생각을 하였습니다. 로또 같은 한탕주의가 아닌 꾸준함과 성실함이 주는 근성이 몸에 밸 수 있도록 해주는 것이 학창시절의 학업이라는 생각이 듭니다.
좋은 글에 감사드립니다.

★ 글들이 너무 사실적이네요. 하지만 부모들이 방어기제가 작동되어 대부분이 회피하고 있죠. 이런 글이나 말 듣고 더 불편해하시고요. 그래서 말을 못하는 부분인데, 너무 시원하게 이야기해 주셨네요.

★ 일이라고 다 할만한 일은 아니다는 대목에서 빵 터졌습니다. ^^
공감하는 게 사원들 뽑을 때 저도 처음엔 가능성만 보고 뽑은 적이 있었는데 결론은 실망이 많았어요. ㅠㅠ 결론적으론 기본적으로 봐야 할 건 봐야 한다는~ ^^ 감사합니다.

★ 지금 대학생인 제 아들에게 보여주고 싶습니다. 공부는 왜 해야 돼? 대학은 왜 가야 돼? 라고 묻는 둘째에게도 보여주고 싶은 글입니다. 말로 다 못 하는 엄마의 마음을 너무 잘 정리해 주셨습니다. 감사합니다.

13 부모가 계속 건강하게
아이들을 지원할 수 있을 거라는 착각

50대 중반에 다다르니 몸이 하나둘씩 고장 난다. 고혈압, 당뇨 등은 그냥 기본 탑재되어 있다. 대부분 친구들도 비슷한 상황이다. 식욕도 예전같지 않고, 그에 따라 삶의 의욕도 좀 떨어지는 것 같다.

아이들 중고등 때 40대 초중반 지날 때만 해도 아직 체력이 튼튼하고 이대로만 잘 버티면 건강에 큰 무리 없이 잘살 것 같았는데 거짓말처럼 50을 넘는 순간 모든 것이 달라졌다. 전날 무리하면 아침에 일어나기 힘들고, 조금만 신경 써도 머리가 무겁고 뒷목이 땅겨서 쉬어야 한다. 두 개씩 오르던 계단도 이제는 안전(?)을 위해 소심하게 하나씩 오른다. 씁쓸하다.

나의 경우 다행히 아이들이 대학원에 진학해서 어느 정도 반 사회인으로서 자기 길 스스로 잘 다져가고 있는 상황이라 그래도 좀 낫지만, 결혼이 좀 늦었던 주위 친구들은 아직도 중학생, 입시 치르는 고3 등, 한창 부모의 신체적 정신적 도움과 지원이 많이 필요한 시기라서 이중고로 고생하고 있는 것 같아. 마음이 좋지 않다.

그리고 50대 중반에 겪는 또 하나의 인생 경험은 바로 주위 사람들과의 머나먼 이별이나 아픔이다. 얼마 전 회사 그룹웨어 경조사 알림란에 '본인 상'이 게시되었다. 2년 전 처음 겪을 때도 충격이었지만 이번에도 역시 너무나 황망하기 그지없다.

실제로 가정보다도 훨씬 많은 시간을 같이 보내는 직장에서 친하게 지냈던 동료가 갑작스럽게 상을 당하는 경우는 나이가 드니 하나둘씩 생겨난다. 슬픈 일이다. 그리고 한편으로는 걱정이 앞선다. 문상 갔을 때 중고등학교 두 딸의 멍한 얼굴이 지금도 눈에 아른거린다. 아마도 현실이 받아들여지지 않아서 일 것이다. 차라리 울기라도 하지….

이 카페가 아이들 학습 및 교육법, 입시전략, 학습정보 교환이 주목적으로 운영되는 곳인데 이러한 맘 아프고 심각한 주제는 좀 동떨어진 게 아닌가? 하면서도, 반면 어떻게 보면 가장 중요하고 삶의 기초가 되는 주제가 아닐까 해서 마음을 다잡고 글을 써보기로 했다.

친하게 지냈던 같은 회사 동료 중에 아들이 똑똑하고 공부 잘하기로 소문난 직원이 있었다. 캠핑도 몇 번 같이 해서 애들 어릴 때 본 적도 있었는데, 초등 중등학교까지 항상 반에서 탑을 유지하고 성격도 밝고 쾌활하고 건강해서 앞으로 특목고 진학해서 명문대로 가는 그야말로 장래가 촉망되는 아이였다.

그러나 아빠가 대장암 말기 진단을 받고 3차례의 대수술을 하면서 직장에서도 휴직하고 외벌이라서 경제적으로 형편이 어려워졌다. 그런 이유였는지 모르지만, 아들도 방황을 하고 결국 대학입시에서 기대에 턱없이 못 미치는 결과를 낸 사실들을 지난 2년여간 지켜본 적이 있다.

다행히 고비는 넘겼지만, 지금은 이미 퇴사해서 소식도 별로 듣지 못하는 상황이다. 항상 건강에는 자신 있어 하면서 회식은 늘 참석하고, 성격도 호탕해서 회사에서 관계도 좋고 일도 제법 잘하는 동료였는데, 결국 건강에 큰 문제가 생겨서 안타까운 결과로 이어진 것이다. 그 친구도 좋은 남편, 좋은 아빠가 되기 위해서 노력도 많이 했었는데 갑자기 닥친 병마에 힘없이 쓰러지고 말았던 것이다. 그런 일을 옆에서 겪으면 같이 늙어가는 처지에 마음이 무겁고 착잡하다.

철학자 쇼펜하우어는 "세상에서 가장 어리석은 일은 사소한 이익을 얻기 위해 건강을 희생하는 것이다"라고 말한다. 이외에도 수많은 건강 관련 격언이 있지만, 이 세상에서 가장 중요한 가치가 '건강' 말고 또 뭐가 있다는 말인가?

나의 30~40대 한창 일하던 시기에 주로 국제협력 업무를 많이 하면서 해외 출장이 잦았다. 주로 국빈급 VIP 및 정부 대표단 수행 총괄 업무를 많이 담당했었다. 자연스럽게 장관, 국회의원, 기타 유력 정치인, 대기업 임원 등 경제 수장, 대학 총장들과 해외 순방 시 주요 일정을 같이 하게 되면서 두 가지 큰 공통점을 발견하였다.

10명 중 9명은 아침에 일찍 일어나서 반드시 1시간 이상 조깅이든 걷기 등 유산소 운동과 가벼운 체조 등을 하며 하루를 상쾌한 기분으로 시작하는 루틴을 가지고 있었다. 연배는 당시 나보다도 20살 이상, 많게는 30살 이상인 분들도 많았지만 대체로 비슷한 습관을 가지고 하루를 시작했던 것 같다.

난 총괄 수행하는 업무담당이라 당시에는 어쩔 수 없이 졸린 눈을 비비고 시간 맞춰서 그분들과 함께 운동하곤 했었는데, 그게 어느덧 일상이 되어 최근까지 나의 루틴으로 자리 잡았다.

또 하나는 출장지에서 회의장소 이동 중 동승한 차에서 10분, 20분간 쪽잠을 주무시고 피로를 푸는 방법을 저마다 터득하고 실천하고 있었다. 지위가 높을수록 중요한 결정을 해야 하고 또 거기에 막중한 책임을 다해야 하는 스트레스는 일반인의 상상 이상일 것이며, 이렇게 수많은 일정을 소화해야 하는 바쁜 일과 중에 틈틈이 머리를 비워내고 휴식을 취해 몸의 밸런스를 유지하는 법을 모두 실천하고 있었던 것이다. 참 신기했다. 그리고 한편 좀 부럽기도 했다.

'사회적으로 성공한 사람'들이 단순히 권력을 잡기 위해서 노력하거나, 재력을 동원해서, 인맥을 쌓고, 학벌을 높여서 그 자리에 올랐다고 보는 게 대부분의 시각이다. 대체로 맞는 말이긴 하지만, 적어도 내가 만났던 분들은 하나같이 '자기 건강관리에 최선을 다하는 게 기본'인 성실하고 긍정적이고 부지런한 사람들이었다.

정치를 잘하든, 국가 행정을 잘 펼치든, 기업을 잘 키워나가든, 대학을 잘 운영하든지 간에 기본적인 체력과 강한 정신력 없이는 장기간 그 자리에서 버틸 수 없다는 것을 그들 스스로 아주 잘 아는 사람들이기에 그토록 바쁜 일상 중에서도 짬을 내어 건강을 위한 실천을 했다.

그분들은 이미 자녀 교육은 어느 정도 졸업한 분들이었고, 사석에서 자녀들 키운 얘기를 가끔 듣곤 했는데, 주로 명문대로 진학해서 해외 유학 중이라던가, 대기업에 취업했거나, 아니면 의사 전문의 과정, 변호사 로펌 근무 등 주로 전문직이 많았던 거로 기억한다. 20년이 다 되어 간 이야기지만 그 당시에도 이미 '부의 대물림'과 같이 '교육의 대물림'이 그대로 진행되어 가고 있었던 것이다.

이런 얘기를 하면 위화감이 들 수도 있겠다. 괜히 성공한 1% 사람들, 지체 높은 사람들, 딴 나라 이야기하면서 같이 따라 하면 우리가 그렇게 될 수 있다는 말인가? 푸념하며 애써 무시할 수도 있다. 속된말로 '뱁새가 황새 따라가다가는 가랑이가 찢어진다'라고 말하며 자기만의 한계를 긋고 그 안에서 위안을 얻는 사람도 많을 것이다. 실은 대부분이 그럴 것 같다.

그러나 잔인한 말이지만, 만약 계속 그런 태도로만 일관하면서 본인 자신의 건강에 등한시하고 남들과 똑같이 살다 보면, 현실에서 변화도 없고 인생에서 발전이 없음은 자명하다.

20여 년 전 난 지금 이름도 얼굴도 잘 기억이 안 나는 분들이지만, 그들은 나의 일상에 큰 자극과 변화를 주어서 나의 삶에 '건강'이라는 큰 선물을 주신 '은인'이라고 생각하고 있다. 그래서 너무나 감사하다.

지난 글에서도 언급했지만, 엄마 아빠의 건강한 삶이 아이들에게 미치는 영향력은 굉장히 크다. 건강은 신체적 건강과 정신적 건강, 둘 다를 의미한다. 아빠의 신체적 건강에 의지하여 여행, 등산, 캠핑 등 자연을 접하면서 다양한 세상을 경험하고, 또 땀 냄새 맡으면서 아빠와 아들 간에 끈끈한 정을 나눌 수 있고, 엄마의 건강한 몸에서 뿜어나오는 정서적 안정을 통해서 아이는 긍정적이고, 창의적이며, 예의 바른 아이로 자랄 수 있는 밑거름이 되는 것이다.

아이들은 중고등학교에 보내고 있는 학부모들은 아직은 신체 건강할 나이라고 본다. 늦둥이 부모 등 예외는 있겠지만 그래도 대부분 40대 초반에서 중후반 정도일 것이다.

난 이 시기가 인생의 전환점의 되는 중요한 시기라고 생각한다. 이 시기에 신체적 정신적 건강을 올바르게 관리하지 못하면 50대 이후 갑자기 다가오는 각종 질병과 성인질환 등 병마에 쉽게 노출될 확률이 아주 높다.

또, 어떻게든 위기를 넘겨 다행히 애들 중고등 시절에 건강 유지하면서 보내더라도 아이들이 대학에 진학한 이후에 부모의 서포트 특히 경제적인 지원 또한 막중한 부분이기 때문에 현재의 건강에 자만하지만 말고 꾸준하게 건강을 유지할 수 있도록 미리미리 준비해야 한다.

의학적으로도 '갱년기'라는 시기는 여성은 폐경에 앞서서 여러 전조 증상이 일어나고, 남성은 기력저하, 육체 피로, 고혈압 당뇨 등 성인병이 본격적으로 시작되는 시기이다. '건강한 사람은 건강을 모르고 병자만이 건강을 안다'라는 말이 있듯이 '건강은 건강할 때 지켜야 한다.'

단적인 예로, 엄마들이 피로에 지쳐서 아이들한테는 방 청소, 책상 정리정돈을 훈육하면서 정작 자신의 화장대 위는 각종 화장품이 제멋대로 널브러져 있다면, 아빠가 전날 회식의 숙취에 힘들어하면서 소파와 혼연일체(?)가 되어 있다면, 아이들의 가정 내에서 교육과 훈육이 제대로 될까?

물론 안다. 몸은 이미 번아웃이 되어 있고, 회사 일에 스트레스에 심지어는 공황장애를 호소하는 부모들도 꽤 있는 듯하다. 저마다의 핑곗거리는 많다고는 하지만 야속한 얘기로 들릴지는 모르겠지만 그런 건강하지 않은 일상이 계속되는 한 아이도 부모도 모두 다 같이 발전과 성장은 없다.

엄마 아빠들도 다들 일하기 바쁘고 먹고 살기 힘들겠지만, 기본적인 하루 루틴을 세워 건강한 신체와 건전한 정신을 갖기 위해서 꼭 실천하기 바란다. 일찍 일어나기(일찍 자기 포함), 아침 운동(스트레칭), 하루 세 끼 챙겨 먹기(저염, 저지방, 저칼로리 건강한 식단으로), 10분 명상, 가벼운 산책, 1시간 독서, 주변 정리정돈 등등, 이 정도면 제아무리 눈코 뜰 새 없이 바쁘다는 직장인들도 충분히 지킬 수 있는 일과라고 생각한다.

정신과 전문의 하지현 교수는 뭐든 3개월만 억지로라도 루틴을 정해서 실천하면 몸이 자연스럽게 스스로 하는 경지에 이른다고 하였다. 그러니 당장 오늘부터 눈 딱 감고 3개월만 실천해보길 권한다.

마지막 조언으로 제발 건강에 자신하지 말라고 말하고 싶다. 제아무리 산해진미 음식에, 보약을 먹고, 운동도 열심히 하고, 음식 조절을 해도 갑작스레 찾아오는 무서운 질병들이 우리 삶의 곳곳에서 항상 숨어 있는 법이다. 개인적으로도 젊었을 때 잔병치레 한 번 한 적이 없이 건강했던 아내가 아이들 중2 때 암 2기 선고를 받아 몸 고생 마음고생 하면서 겪었던 아픔이 있었고, 그것으로 인해 나도 인생관이 변화하는 터닝 포인트가 되었던 시기이기도 했다.

제아무리 부자고, 권력자고, 성공한 위인 일지라도 무너지는 건강 앞에서는 한없이 약한 존재가 바로 인간이다. '질병은 천 개나 있지만, 건강은 하나밖에 없다'는 말도 있지 않은가?

잔소리 같지만, 기본적인 건강검진도 항상 정기적으로 빼먹지 말 것이며, 몸에 조금이라도 이상이 생기면 바로바로 병원에 가는 습관을 들여서 본인의 건강은 본인 스스로가 지켜야 할 것이다. 토끼 같은 자식과 여우 같은 마누라가 당신의 어깨에 의지하면서 옆에 있는데 건강이 나빠져서 가장으로서 제 역할을 못 하는 것도 큰 문제이지만, 오히려 가족들한테 짐을 지워주는 일은 절대 하지 말아야 할 것이다. 건강 염려증 환자가 오래 산다. 부디 모두 '건강염려증 환자'가 되길 바란다.

아이들은 조금만 열이 나도 손목 부여잡고 즉시 소아과로 뛰어가는 엄마들이 자신의 몸에 좀 이상이 있는 것은 방치하고 있다가 왜 일을 더 키우는지 모르겠다. 여성의 경우 40대 중반이 접어들면 각종 부인병이 2~3개 이상 기본적으로 발병하게 된다. 아이들 중요한 시기에 큰 병에 걸려 가정이 위태로워지는 그런 시행착오는 제발 겪지 않았으면 한다. 비행기 탈 때 겪는 일이지만 '산소마스크는 보호자가 먼저 착용한 후 아이들에게 안전하게 채워 주세요'라고 적혀 있지 않은가?

자기를 지키는 일이 곧 아이를 지키는 일이다. 특히 엄마들은 '엄마의 건강이 곧 가정의 건강'이라는 것을 가슴 깊이 새기고 실천하길 바란다.

미국의 유명 방송인 오프라 윈프리는 "자신의 몸, 정신, 영혼에 대한 자신감이야말로 새로운 모험, 새로운 성장 방향, 새로운 교훈을 계속 찾아나서게 하는 원동력이며, 바로 이것이 인생이다"라고 말했다. 이런 인생관이 54년생 70세 할머님임에도 불구하고 젊은 사람 못지않게 건강하게 자신의 영역에서 최고의 자리를 유지하고 있는 비법인지 모르겠다.

이 글을 쓰면서 나 자신에게도 한번 같은 기준을 적용해 보고 앞으로는 그동안 생각만 하고 실천하지 못했던 부분을 실행에 옮겨 보려고 한다.

그리하여 아이들과 한 가지 공동 목표를 정했다. 올해 가기 전에 '삼부자 바디프로필'을 찍어 보자는 것이다. 바디 프로필이 요즘 유행해서 하자는 것이 아니고, 늦었지만 아직은 봐 줄 수 있는 내 몸을 최대한 예쁘게 만들어서 아이들과 함께 영원히 남을 기록으로 남기고 싶어서이다.

그런 목표가 생겼으니, 몸만들기 위한 각종 건강유지 프로그램을 내 몸에 적용해 볼 것이다. 좀 귀찮고 힘들 수도 있지만 그래도 아이들과의 약속이기도 하고, 애들 또한 20대 최고의 전성시대의 자신의 멋진 모습을 아빠와 같이 담아내는 것에 기대를 많이 하고 있고, 열심히 준비해 보겠다고 했다.

영국의 대문호 '윌리엄 셰익스피어'의 말로 마무리할까 한다.

"우리의 몸은 정원이요, 우리의 의지는 정원사다."

무지갯빛 꽃이 만발하는 아름다운 정원을 꾸미기 위해서는 부지런한 정원사가 필요한 것처럼 건강한 삶을 위한 실천 의지를 가지고 오늘 하루도 몸 건강하고 맘도 건강하고, 행복하게 보내길 빈다.

⭐ 차 한 잔 마시면서 글 다시 또 곱씹어 보렵니다. 오늘도 즐거운 하루 보내세요.

50대 후반부터는 아~옛날이여 노래가 절로 나오네요. 아이 고등학교 때 환갑잔치는 내 돈으로.

그래도 아이 덕분에 젊은 마인드로 살려고 하는데 자꾸 나랑 이별 후 아이가 걱정돼서 뭔가 자꾸 증여 잘하는 법 찾는 나도 웃기고 ㅎㅎ

그래도 오늘이 젤 젊은 날! 청년처럼 호기심과 유머를 장착하면서 살아야겠죠. 정말 울림 있는 글 잘 읽었습니다.

⭐ 마음 깊이 와 닿는 말씀입니다.

나이 들어보니 부모가 자식에게 해줄 수 있는 가장 큰 선물은 부모가 건강한 게 최고구나! 느끼는 요즘입니다.

사랑하는 아이를 위해서라도 귀찮은 몸 일으켜서 움직여야겠습니다. 남편한테도 이 글 보여줘야겠어요.

⭐ 귀한 말씀 감사합니다. 정부에서 한 살 줄여줘서 아직 40대입니다. 저 또한 삶에 있어 건강이 0순위라고 생각합니다. 다 떠나서 내가 하고 싶은 것에 제약이 생기니까요. 거기엔 가정과 연관된 것이 수없이 많이 포함되어 있지요.

저는 40대 초반 허리에서 이상 신호를 보낸 게 오히려 덕이 되어 잠시 멈췄던 운동을 다시 하게 됐고, 아내는 40대 초반에 급성뇌경색이 왔지만 잘 극복하여 정상적으로 잘 생활을 하고 있습니다.

오히려 유병장수라는 말을 하면서 웃어 넘기기도 했지만, 위기를 겪으면서 느꼈던 것 중 가장 큰 것은 아이들에게 도움이 되어야 하는데 짐이 될 수도 있다는 것이었네요.

허리통증이야 극복하면 되는 중병은 아니지만, 아내의 뇌경색은 저희 가정의 큰 위기였고, 화목했던 가정이 극한의 상황으로 가느냐 마느냐의 기로였었네요.

건강에 대하여 다시금 생각하고 다짐할 수 있는 좋은 글이고 남은 인생에 많은 도움이 될 것 같습니다.

엄제학교, 서울대에간 쌍둥이와 아빠표 교육

14 시간이 지나면 시간적,

경제적 여유가 좀 있을 거라는 착각

주말까지 반납해 가면서 아이들 뒷바라지하고 있는 엄마 아빠들은 "애들 좀 크면 그때는 우리 둘이 느긋하게 해외여행도 좀 하고 못 했던 그림 그리기나 시 쓰기, 골프 등등 취미생활도 좀 하면서 여유 있게 살 수 있겠지?"라며 스스로 달래고 위로하며 오늘 하루도 열심히 성실하게 살고 있다.

'시간이 지나면 시간적, 경제적 여유가 있을까'라는 질문에 해답을 먼저 말하자면 "충분히 그럴 수 있다"도 되고 "도저히 불가능한 일이다" 도 된다. 앞으로 딱 10년을 어떻게 보내느냐에 따라서 말이다.

만약 전자 쪽으로 답을 원한다면 이것들 실현할 수 있는 비법 5가지를 알려 주도록 하겠으니 잘 읽어보고 맘에 들면 실천하길 바란다.

1) 10년간 자녀 교육에 필요한 자금 계획서를 마련하고 거기에 대응해서 차근차근 밀고 가라.

아직 초등학교라면 다행이지만 중고등 자녀를 둔 부모들은 오늘부터 당장 구체적인 자금계획을 수립해야 한다. 중고등학교 학비, 생활비, 학원비, 과외비 외에도 참고서류 문방구류 등 기본적인 비용에서부터 특히 대학입시 및 대학 재학 시에 필요한 자금(입학금, 등록금, 기숙사비 또는 오피스텔 월세, 생활비, 기타 의류, 통신, 책값 등등) 외에도 만에 하나 재수를 하게 되면 2~3천 정도는 그냥 지출이 되고 삼수는 또 거기에 두 배로 지출이 되니 이것도 감안해서 책정해야 한다. 계획은 최대한 넉넉하게 짤 필요가 있다. 물가 상승률도 반영해야 하고 또 엄마 아빠의 나이에 따라 경제적 상황변화도 고려해야 하니까 말이다.

계획서에 전체 총금액이 산정되면, 거기에 따라 부모가 시기별로 어떻게 그리고 얼마씩 준비해야 하는지를 꼼꼼하게 계산하여 시기별 준비금액을 책정 후 이 비용을 위한 일종의 '총알'과 자금 파이프라인을 준비해야 한다.

그리고 돈이 새는 곳을 들여다봐야 한다. 애들이 원하지도 않은 학원에 쓸데없이 돈을 많이 쓰거나, 아이들한테 유행하는 옷이나 브랜드를 해주는 것은 자제하는 것이 좋다. 미래를 위한 투자 재원을 낭비하는 격이니 유의해야 한다. 아빠들은 차를 바꾸고 싶은 유혹이 있겠지만, 미래를 위해 좀만 더 고쳐 쓰자. 안전하게 잘 굴러간다면 말이다. 엄마들은 시시콜콜한 소비가 눈덩이가 될 수도 있으니 반드시 가계부를 써서 새어나가는 '티끌'을 모으기 바란다.

2) 대학교 마치면 최대한 아이들이 독립하여 살 수 있도록 재정적, 정서적 준비를 미리 하라.

남아의 경우 26살, 여아의 경우 23살 정도면 대체로 대학졸업을 한다. 중고등 시절 공부에 바쁜 시기임에도 불구하고 "너희들의 경제적 지원은 대학졸업 할 때까지"라는 인식을 매번 세뇌(?)시켜서 심어줘야 한다. 사랑하고 애처롭고 짠해서 아이들을 계속 케어하다 보면 여러 가지 문제가 생긴다. 소위 '캥거루족'의 부작용들은 수도 없이 많으니 신문기사를 찾아보기 바란다. 한마디로 부모도 힘들고 애들도 힘들게 된다.

대학교 다닐 때 비용문제, 등하교 문제 등을 고려해서 집에서 다니는 경우가 있는데 성인이 된 만큼 가급적 기숙사 등 별도로 거주하는 방법이 아이들 자립심 향상이나, 인간관계 확대, 사회성 증대 등 다양한 면에서 유리하니 최대한 분리하는 방법을 찾아보길 바란다.

그렇다고 무턱대고 나가 살라고 할 수 없기 때문에 독립된 생활을 위한 기숙사 비용 또는 하숙이나 자취 비용 등은 협의하에 자기들이 알 바도 좀 하게 하고 약간의 부모의 지원을 통해 자립하는 시스템도 함께 만들어주자.

가장 중요한 것은 '지원비용 및 시기에 대한 명확한 한계를 확실히 해서' 아이들이 더 이상 경제적으로 의존하거나 의지하지 않도록 철저히 조금은 매정하게 매듭짓는 것이 좋다. 진지한 대화를 통해 사랑으로 교감하다 보면 이미 성인이 된 아이들은 충분히 이해할 것이다.

3) 엄마 아빠의 미래를 위해 자식들 모르게 '딴 주머니' 차기를 해야 한다.

만약 60이 넘어서 아이들 키우느라 돈 한 푼 못 모아 놓았다면…. 아이들이 "우리 엄마 아빠 나 키우느라 고생했으니까, 우리가 이젠 모실게요"라고 할까? 미안하지만 턱도 없는 소리다. 목숨보다도 소중한 아이들이지만 결국은 독립된 인격체며, 언젠가는 또 다른 새로운 가정을 이끌어

가야 할 며느리, 남편이고 사위이며 아내다. 결국, 자신들 보금자리 마련하랴, 앞으로 가족계획 세우느라 다들 제 살길 찾기 바쁜 시기가 된다.

아마도 대부분 요즘 세대 부모가 이미 지각하고 또 공감하는 얘기지만 우리 살길 우리가 찾아야 한다. 그러므로, 아이들 교육비나 생활비 지원에 본인들의 인생의 자산을 올인하면 절대로 안 된다. 부부의 노후대비를 위해, 인생 2막을 위해 '딴 주머니'를 미리 만들어서 준비해야 한다.

한 가지 가장 중요한 것이 있는데 아이들 교육을 위해 사는 집을 처분하여 작은 집이나 전세로 옮기는 사례가 있는데 백이면 백 나중에 후회하는 것을 보아왔다. 자산을 파킹(에셋 파킹)하는 것은 미래를 위한 투자이자 생존이니 절대 하지 말아야 한다.

노후에 아이들의 봉양이나 지원을 애초에 포기해야 되는 이유는 아이들이 우리를 사랑 안 해서가 아니다. 인구학자가 말하듯이 "지금 20대는 부모 세대보다도 가난하게 살 확률이 높다"라고 하듯 고성장 시대는 이미 과거 유산이고, 저성장 및 침체 경제가 앞으로도 지속되기 때문이다. 또한, 자신들의 새로 생길 아이를 위하다 보면 부모님 효도는 우선순위에서 밀린다. 우리도 우리 부모에게 그랬던 것처럼 말이다.

'내리사랑'이라고 하지 않은가…. 자기들 잘사는 것이 우리 부모한테는 행복이고 만족이다. 다만 우리가 돈 없이, 건강도 잃고 힘들어한다면, 아이들에게 우리는 과연 어떤 부모로 생각될까? 끔찍한 일이 아닐 수 없다. 연금을 넣든, 각종 노후적금을 하든가 아니면 부동산에 이해가 좀 밝다면 안전하게 장기투자를 통해 월세 세팅을 하던가 해서 아이들에게 누가 되지 않을 만큼에 돈주머니는 스스로 준비해서 대처해 나가도록 하자.

노후대비 전문가들의 말로는 노후에 필요한 최소 월 소득은 1인당 대략 300 정도로 보고 있다. 생각보다 많은 돈인데 그 이유는 회사에서 일 때문에 시간 없어서 못 썼던 돈이 매일 한가한 시간을 통해 지출되기 때문일 것이다.

돈주머니를 만드는 능력에는 '돈을 버는 능력', '모으는 능력', '유지하는 능력', '쓰는 능력' 등을 모두 골고루 사용해야 한다. 자세한 사항은 김승호 님의 도서 『돈의 속성』을 한번 참고하기 바란다.

4) 급여 소득은 최대한 끝까지 사수하고, 묻지 마 창업, 투자, 위험한 재테크 등을 경계하라.

특히 아빠들에게 전한다. 현재 월급쟁이라면 무조건 복지부동해서 끝까지 버티길 바란다. "강한 자가 살아남는 게 아니라, 살아남은 자가 강한 법이다." 쉽지 않을 거다. 50만 넘어도 퇴직 압박이 오고, 후배가 상사가 돼서 큰소리치면, 피가 거꾸로 솟기도 한다. 주요보직에서 물러나 한직으로 지방으로 좌천되어 참 서글프기도 하다. 그래도 참아야 한다. 미국에서 스노우팍스로 대박을 터뜨리는 김승호 회장은 "급여와 같은 정기적인 돈은 돈의 힘이 세다"라고 말한다. 수백억 사업가가 따박따박 나오는 몇

백만 원 급여에 대해서 '소중한 가치'가 있다고 인정한 것이다.

또 자영업이나 사업을 하는 아빠들도 최대한 나이 먹어도 지속 가능한 사업이 될 수 있도록 그리고 업장을 잘 유지할 수 있도록 노력해야 할 것이다. 어렵겠지만, 눈 딱 감고 노후의 행복한 날을 그려가면서 조금만 더 참고 일하자.

요즘 1년에 10억 벌기, 천만 원 투자로 100억 부자 된 사람 등등 수도 없이 일확천금을 맹신하는 유튜브 콘텐츠가 넘쳐난다. 서점에는 수많은 재테크 서적들이 베스트 셀러 칸을 다 차지하고 있을 지경이다. 나의 답은 딱 하나다.

"그렇게 벌기 쉬우면 자기들이 벌지. 그것을 남들한테 알려주겠는가?"

그간 나도 가끔 소위 '부자 되기' 콘텐츠를 많이 봤고, 여러 재테크 서적도 두루두루 읽어보았다. 개중에 유익한 콘텐츠가 간혹 있기는 하지만, 결국 '자신에 처지에 상황에 맞는 최적화된 부자되는 법은 자기 스스로가 만들어 가는 수밖에 없다'가 나의 결론이다.

그리고 실천하는 것이 가장 중요하다고 본다. 책만 백 권 읽는다고 해서 아무것도 일어나지 않는다. 자기 것으로 소화해서 자신의 재정에 맞는 투자처를 찾아 안전하게 장기적으로 투자하면 된다.

내가 수많은 채널과 책을 본 결과 믿고 걸러야 하는 콘텐츠를 몇 개만 예를 들어보겠다.

(1) 부자 되는 방법론에 대해서만 알려주는 콘텐츠

→ 각자 자기가 처한 재정적 상황이 다르기 때문에 오히려 역효과가 많다.

(2) 구체적으로 어떤 지역을 지목하여 투자를 권하는 부동산 채널

→ 십중팔구는 자기가 개발하는 땅이나 주택 시행지를 알려준다. 지역 주택조합은 끝장난다.

(3) 부자 마인드를 알려준다고 지속적으로 장기간 강의하는 콘텐츠

→ 실생활에 별 도움이 안 되고 강의 팔이 할 목적인 콘텐츠일 확률이 높다.

(4) 폭락과 공포, 경제 공황 등을 외치며 불안을 조장하는 콘텐츠

→ 충격적이라서 구독자를 많이 모을 수 있어서 이것으로 자기 뱃속 채운다. 떨어질 때까지 외치면 가끔 적중하는 경우가 있어 좀비나 기생충처럼 박멸하기 어려운 특징이 있다.

(5) 1억으로 100억 부자 된 사람이라고 하면서 직접 본인도 채널 운영하는 콘텐츠

→ 실제 100억 있으면 유튜브같이 귀찮은 것은 운영하지도 않는다. 정말 실제 부자는 다른 거 하느라 바쁘다. 자산(재산+부채)을 총괄해서 은행 빚까지 포함해 눈속임한 경우가 많다.

투자하지 말라는 말이 절대 아니다. 아빠들은 알 것이다. 월급만으로는 별로 답이 없다는 사실을. 월급 외에 주식이든 부동산이든 한 살이라도 젊었을 때 관심을 가지고 하는 것이 좋다고 본다. 다만, 남의 말만 듣고, 남이 쓴 책 한 권 읽고, 유튜브 두어 개 보고 하지 말라는 얘기다. 돈 공부는 학교 공부보다 더 치열하게 해야 한다. 시험은 한두 번 망쳐도 되지만, 재산 투자는 한 번만 실패해도 인생이 무너진다. '신중하면서도 과감하게 하라.' 어려운 말이지만 많은 것을 함축하는 말이니 잘 새겨듣기를 바란다.

혹시 부동산에 관심있는 아빠가 있다면 우석 님의 도서 『부의 인문학』이나 아기곰 님의 도서 『재테크 불변의 법칙』을 추천한다. 재테크 서적이라기보다는 부동산 공부의 교과서 정도이다.

5) 마지막, 부자 마인드를 가지고 파이프라인을 만들어 경제적 자유를 추구하라.

식당이 대박이 나려면 3가지만 하면 된다. 맛있게, 양 많이, 깨끗하게. 끝이다. 참 쉽다. 그런데 이것을 실천하기 위해서는 백 가지 천 가지 아이템에 대한 계획과 또한 실천이 필요하다.

돈 버는 것도 마찬가지다. 저축하고, 투자하고, 낭비 안 하면 된다. 쉽다. 그런데 이것도 똑같이 수많은 방법과 노력과 준비가 필요한 일이다.

이 세상에 부자는 1%라고는 하지만 부자 마인들를 가지고 사는 것은 다른 문제이다. 돈이 많아도 졸부처럼 보이는 사람이 있고, '귀티'가 나는 사람이 있다. 이러한 사람들은 인품과 인격과 매력이 뿜어져 나온다.

가난한 마인드는 인내하지 않는다, 고통을 피해간다, 요행을 바란다, 나태하다, 변화가 싫다, 고집이 세다, 공짜를 밝힌다, 이득만 보려 한다, 자기 입장에서만 생각한다 등이다. 이러면 인생에 발전이 없다. (마원의 '당신은 가난한 사람인가'라는 명언을 찾아보기 바란다.)

철학자 니체는 가난한 자가 부자에 대해 가지는 질투, 원한, 열등감 등의 감정인 시기심을 르상티망^{ressentiment}이라고 명명하였다. 자신의 능력이 부족하여 시험에 불합격하였거나 노력을 하나도 하지 않아 돈을 벌지 못하였으면서도 마치 다른 사람들은 부정을 저지르거나 행운이 따라 성공한 것이라고 질투하고 시기하는 경우가 그 예이다.

오늘날 이 '르상티망'이 너무나 전 사회적으로 팽배해 있어 답답하다.

반면 부자 마인드는 반대로 생각하면 된다. 감내할 고통에 대비하고 이겨낸다, 행운을 바라지 않고 개척한다, 부지런하다, 변화를 두려워하지 않고 즐긴다, 사고가 유연하다, 세상에 공짜는 없다고 생각한다, 가끔 손해도 보지만 나중에 이것이 이익이 될 것임을 확신하며 일한다, 자기 자신을 객관화할 줄 알아서 정확한 판단을 한다 등으로 설명될 것이다.

필자는 두 아들을 대학원까지 입학시킨 오십 대 중반 부모다. 부모님께 받은 거 거의 없이 옥탑방 생활을 6년 넘게 전전하다가 결혼할 때 겨우 경기 외곽 소형 아파트살이부터 시작해서 25년 정도 열심히 저축하고 나름 투자도 해서 60세 이후에 연금이나 조그마한 부동산 월세 수익으로 어느 정도 여생을 편안하게 보낼 수 있을 만큼은 파이프라인 세팅을 해놓은 상황이다.

아이들은 대학원 랩실에서 일도 하면서 장학금으로 학비를 충당하고 알바 등으로 생활비도 해결하고 있어서 참 기특하고 고맙다. 다만 앞으로 4~5년 뒤에는 결혼도 해야 해서 그 기간 동안에 집 장만을 위한 자금을 모으는 데는 다소 한계가 있을 것 같아 걱정이기도 하지만 독립적인 마인드로 키워온 애들이라 스스로 잘 헤쳐 나갈 것이라고 믿어 의심치 않는다.

최근에 애들이 정부에서 하는 '청년도약계좌' 등에 적금도 넣고, 틈틈이 주식투자도 좀 하면서 자신의 미래를 준비하고 있는 모습을 보면서 참 대견하다는 생각이 든다. 돌이켜 보면 나는 군대를 만기제대하는 바람에 하필 1997년 IMF 시기에 졸업하게 되어 첫 직장부터 흔들려 가면서 사회생활의 시작을 어렵고 힘들게 출발한 세대이다. 하지만, 30년이 다 되어가는 시간 동안 아이들 육아와 교육에 나름대로 최선을 다했고 또한 경제적 안정을 위해, 경제적 자유를 위해 몸 바쳐 일했던 기억이 대부분이다. 여기에 일말의 후회도 난 없다.

앞서 한번 언급한 바 있지만, 엄마 아빠의 부자 마인드가 아이들에게 그대로 대물림된다는 사실을 다시 한 번 명심하기 바란다. 이러한 마인드 공부도 학과 공부 이상으로 중요하다는 사실을 나이가 들수록 더 느낀다.

다시 말해 자본주의와 자유시장 경제에서 살아가기 위해서는 학업과 공부 못지않게 중요한 것이 돈 공부라는 것은 맞는 말이다. 다만 그 공부라는 것이 돈을 많이 버는 방법을 가르치기보다는 '돈 그릇'을 크게 키워주는 교육이 되어야 한다.

마이크로 소프트를 만든 세계적인 부자 빌 게이츠는 "가난하게 태어난 것은 당신의 잘못이 아니지만, 가난하게 죽는 것은 당신 잘못이다"라고 말했다.

소중한 아이들과 인생 끝까지 함께 하지는 못하지만, 아이들이 젊고 잠재적 가능성이 큰 나이에 부자 마인드를 심어주는 교육을 해주는 것은 우리 부모들의 의무라고 나는 생각한다. 그리고 그것이 평생 자산으로 남을 것이다.

사랑하는 아이들을 이 험난한 세상에서 지키는 일이 과연 무엇인가를 다시금 곰곰이 생각해보자. 이것으로 그간 우리 엄마 아빠들이 하기 쉬운 4가지 착각에 대해서 나름대로 나의 경험을 바탕으로 개인적인 가이드를 제시해 보았다.

일개 한 사람의 얄팍한 인생 경험이 모든 것에 다 통하는 만능 '황금열쇠'가 아니라고 생각한다. 각자의 상황과 위치와 처한 환경에 따라 다른 처방전이 필요하리라고 본다.

어쨌든 아이들이 건강하게 잘 커서 자신이 하고 싶은 일을 재밌게 하면서 보람을 찾고 행복했으면 좋겠고 우리 부모도 자식들 인생과는 별도로 우리 스스로가 하나뿐인 인생을 후회 없이 행복하게 살았으면 좋겠다는 바람이다.

⭐ 여태까지 쓰신 시리즈도 좋았지만, 그중에 제일 중요하다고 생각하는 글입니다. 여기는 다 교육열이 높으신 부모님들만 계셔서 그야말로 아이에게 올인하시는 것 같이 느껴지는 글들을 많이 보는데요. 아이가 잘된다고 해도 부모가 노후에 병이 있고 형편이 넉넉하지 못하면 아이가 힘듭니다. 착한 아이일수록 항상 마음 한편에 돌을 얹고 사는 느낌일 거예요. 나중에 비빌 언덕이 되어주려면 내가 일단 잘 살아야 한다고 생각이 됩니다.

저도 아이는 20대 중반에는 독립을 시키려고 합니다. 그래서 집안일을 조금씩 시켜요. 같이 사는 집이니 집안일은 분담하는 게 맞지만 네가 어리니 엄마 아빠가 많이 도와주는 것이다. 그러니 너도 빨래 개는 일, 다 먹은 그릇 싱크대에 치우는 일 정도는 해야 한다고요. 당연히 이걸로 돈은 안 줍니다. 집안일하는 솜씨를 보면 제 손이 다시 가야 하는 경우가 많지만, 습관을 들이는 차원에서 이렇게 하고 있어요.

밥상머리 경제교육도 시키고 있어요. 재테크의 기본 원칙 정도는 알려주고 있는데요. 고학년이 되면 본인 주식계좌 운영을 맡기려고요. 다 잃어도 되니까ㅎㅎ 자본주의 사회에서 돈을 번다는 게 어떤 건지 알려주려고 해요.

⭐ 많은 글을 읽어보면 그리고 저의 삶을 돌아보면 부모의 가난이 그렇게 나쁜 것만은 아닌 것 같습니다. 동기부여가 확실하게 되었으니까요. 어릴 땐 정말

난 부모 잘못 만나 이렇게 고생하는 건가 하고 자존감이 떨어진 적도 있었지만. 지금은 그런 시련들이 더욱 단단한 어른으로 살아갈 수 있게 해준 것 같아서 감사할 따름입니다.

많이 경험하고 부딪치고 정말 내가 필요한 걸 찾아내서 그 부분을 더 확장해서 공부하여 자존감을 높이고 스스로 오래도록 본인이 하고 싶은 직업을 찾는 길을 스스로 찾을 수 있는 사람이 되면 좋겠어요…. 누구나 여기 카페처럼 공부 잘해서 명문대로 갈 수도 있겠으나 명문대가 곧 경제적 자유를 지칭하지는 않기에 좀 더 유연한 사고를 가지고 여유 있는 삶을 즐길 수 있는 사람으로 커나가도록 여러 방면의 길을 열어주는 것 또한 부모의 할 일이라는 생각이 드네요.

★

주변 보면 자가 팔아서 학군지 전세 온 경우, 입시는 성공했지만, 자산이 너무 쪼그라들어 힘들어하더군요. 자식들이 캥거루인 경우도 있었고요.

자식 뒷바라지는 선택의 문제지만 노후는 뻔히 닥칠 현실이니 저는 그러지 말아야겠다, 다짐하게 되었습니다. 자식에게 짐이 되면 안 되니까요.

20년 넘게 회사생활 하다 보니 같은 월급 받아왔어도 사는 모습이 천차만별이네요. 출발점은 비슷했지만 20여 년 후에 경제적 상황은 서로가 너무나 다릅니다. 저도 새는 돈 없나? 더 꼼꼼히 봐야겠다고 반성합니다.

써주신 글 정말 감동이고 제가 이 글 보려고 여기 가입했나 싶을 정도네요. 타임슬립으로 미래를 살다 온 기분입니다. 인생 선배님의 좋은 글 정말 감사드립니다. :)

15 AI 시대,
창의력을 키워주는 3가지 방법

창의력이란 무엇일까? 솔직히 난 아직도 잘 모르겠다. 설령 창의력이라는 것이 개념적으로 있다고 할지라도 창의력 있는 아이로 키우는 것은 또 다른 문제일 것 같다.

미국에서 쌍둥이 아이들이 초등학교 입학해서 다닐 때 이야기다. 알다시피 미국사회는 가족 중심의 사회라서 퇴근 후 아빠들은 아이들과 시간을 같이 보내는 일이 많았다. 솔직히 한국에서는 야근이다, 회식이다 해서 이 핑계 저 핑계로 술자리를 하거나 스트레스를 푸는 일과가 많지만, 미국은 8시 이후 문 여는 가게가 거의 없는 관계로 반강제(?)적으로 가정에 충실한 아빠를 만들어 준 듯하다.

집에 있으면 주로 루미큐브나 모노폴리, 브루마블, 리치리치 등 보드게임을 많이 했었는데 언젠가 아이들 둘이 자기들끼리 보드게임 3~4개를 연결하여 나름 규칙을 만들어서 게임을 즐기고 있는 것이 아닌가? 방안 바닥을 온통 보드게임판으로 도배한 다음 통행규칙, 지불 방법, 행운 카드 사용법 등등을 연계해서 큰 전지 크기의 종이에 개발새발 펜으로 그림을 그려서 나름의 보드게임판도 만드는 등 새로운 일종의 종합수퍼게임(?)을 발명해서 하루해가 다 가도록 시간 가는 줄 모르고 놀고 있었다.

딱히 내가 연결해서 놀아보라고 말한 적은 없었지만, 보드게임을 친숙하게 하는 환경을 마련해 주었다는 것은 잘한 일이라는 생각이 들었다.

아이들은 자신들이 주워진 환경에서 자유롭게 놀다 보면 항상 새로운 것을 추구해 보고자 하는 욕구가 샘솟는다는 것을 알게 해주었던 일이다. 방이 아무리 엉망진창이 되어도 우린 아이들에게 하지 말라고 꾸중하거나 잔소리하지 않았다.

우리 가족은 20여 년간의 아파트 생활을 끝내고 마당이 있는 집으로 이사하면서 텃밭 가꾸기나 정원 꾸미기 등의 취미생활을 하면서 살고 있다. 언제부터인가 마당에 지렁이가 흙만 파면 무더기무더기 나와서 아이 엄마는 기겁할 때가 많다. 또 개미는 얼마나 많은지 정원 여기저기 개미굴이 수도 없이 많고 개미 약을 쳐도 별로 소득이 없어서 그냥 포기하고 살고 있다.

지렁이와 개미를 보면서 아이들 어릴 때 생각을 많이 한다. 유독 관찰하는 것을 좋아했던 아이들은 지렁이를 보고 신기해하며 손으로 만지고 하루 종일 움직임을 살피고 놀았다. 개미도 어떻게 움직이는지 무엇을 먹는지 어디로 가서 어디서 오는지 수많은 동선을 계속 살피고 눈이 빠지도록 몰입하여 관찰하고 저녁에 엄마 아빠에게 눈을 동그랗게 뜨고 얘기하고 일기로도 남겼던 기억이 있다. 개미에 물려 독이 오르거나, 지렁이와 흙이 뒤범벅된 손으로 묻히고 다니더라도 아이들에게 '하지 마라'라는 소리는 하지 않았던 것이 지금 와서 생각해보면 잘했다는 생각도 든다.

아이들에게 관찰일기를 쓰라고 말한 적도 없고, 지렁이와 개미한테 흥미를 가지라고 한 적도 없었지만 자연 친화적인 환경이 주어지니 아이들은 그 안에서 자기들만의 관찰능력을 키우고 대상에 몰입하여 신기해하고 또 기록도 하고 했던 것 같다.

요즘 주말에 집에 쉬러 오면 아이들은 마당이나 정원은 아예 쳐다보지도 않는다. 꽃이나 나무에도 별 관심이 없어 보인다. 어릴 때는 해가 지는 줄 모르고 자연 속에 파묻혀 있던 아이들이 지금은 모니터 앞에서 수학이나 코딩 공부하기에 바쁜 나이가 되었다.

대학원생으로 자란 아이들이 난 창의적인 아이인지는 아직도 잘 모르겠다. 다만 어떤 사안에 대해서 일반적으로 사람들이 규정하는 방식으로만 생각하는 것보다는 좀 다른 방식으로 또는 자신의 주관과 생각을 가지고 판단하는 아이들로 자란 것은 확실한 듯하다.

그 과정에서 부모가 뭔가 크게 역할을 한 것은 없었지만, 다만 자유롭게 생각하고 상상하고 스스로 판단할 수 있는 여유로운 환경을 지속적으로 제공하고 조언이랍시고 참견하고 잔소리하거나 방해하는 일은 하지 않았다.

다시 돌아와서 창의력, 창의성에 관해서 얘기해 보자. 창의성은 천재나 영재들의 전유물이 아닐 것이다. 창의력은 모든 사람에게 내재하여있는 능력이다. 그러나 모든 사람이 다 창의적이지 못한 이유는 드러내지 못하도록 하는 심리적 제동장치가 작동하고 있기 때문이 아닐까?

세계적인 작가 베르나르 베르베르의 책 『상상력 사전』에서 말하길, 벼

룩 실험결과를 통해 벼룩도 작은 병에 담아 뚜껑을 닫으면, 처음에는 높이 뛰다가 머리가 부딪치는 시행착오를 통해 결국 자신의 한계를 긋고 낮은 높이로만 뛴다고 했다. 코끼리도 새끼 때부터 줄을 묶어 놓으면 나중에 몸집이 4~5배 이상 되는 체구가 되었음에도 불구하고 얇고 가는 목줄 하나에 의지해서 그대로 안주해 있다는 실험결과도 있다.

우리 아이들도 마찬가지다. 어떤 일을 하거나, 공부를 하거나 할 때 장애물이나 어려운 문젯거리가 생겨나면, 스스로 자기 한계를 규정하고 그 안에서 사고의 틀을 만들어 생각하고 안주하면서 끝난다. 더 이상 발전이 없다. 이를 억압하고 제한하는 틀을 살짝만 걷어 내어 줘도 충분히 극복할 수 있는 일이 많을 텐데, 우린 소소한 일상에서 이런 기회를 많이 놓치고 있는 게 아닌가 뒤돌아보아야 할 것이다.

즉, 아이들 교육과 훈육에 있어서 누구나 가지고 있는 '창의력의 싹'을 잘 틔우게 도와주고 한계를 제한하는 틀을 걷어 내서 큰 재목으로 무럭무럭 잘 자랄 수 있도록 하는 것이 엄마 아빠의 막중한 역할이다.

'창의력 키우기'라는 키워드를 검색창에 넣어보면, 수많은 콘텐츠와 동영상, 각종 아동 교육 서적, 보습학원 교재, 대학 논문 등이 소개되어 있다. 창의력 수학, 창의력 글쓰기, 심지어 창의력 그리기 등등이 있다.

그럼에도 불구하고, 아이들에게 적용해 볼 만한 것은 실상 많지 않아 보인다. 주로 좀 더 '심화'했다는 의미로 '창의력'이라는 말을 쓰거나, 또는 '창의력'의 중요성이나 필요성을 강조한 내용이 대부분이다. 창의력을 키워주면 앞으로 아이들 사고력 발전에도 좋고, 학업 향상에도 도움이 되고 의사소통이나 협업능력 발전에도 좋다 등등이다.

아울러 '이런 애들이 창의적이더라' 하고 결과론적인 이야기가 많고 또 한 이런 것이 창의력을 망친다고 하여 안 좋은 훈육 사례를 열거하는 때도 많다. 약간의 도움이 되긴 하지만 학부모들은 대부분 "음, 이러면 안 되는구나." 하고 그냥 거기서 끝나게 된다.

앞서 이야기했지만, 난 아이들 키우면서 '우리 애들이 창의력이 좀 더 좋은 아이일까?'라는 생각을 어렴풋이 해보긴 했는데 가끔 엉뚱하지만 기발한 생각을 하거나 행동을 하는 것을 보고 '아 그냥 평범한 얘들은 아니구나'라는 정도의 생각은 했던 거 같다.

극히 개인적인 생각이지만, 내가 생각하는 창의력은 키우는 방법 중 가장 기본적인 것은 '시점을 달리해서 보기'이다.

쉽게 말해 사물을 다른 관점에서 볼 수 있도록 하는 방법이다. 애들과 함께 감명 깊게 본 도서 『죽은 시인의 사회』에서 키딩 선생은 학생들에게 교실 책상 위로 올라가서 교실 안을 내려 보는, 즉 평소와는 전혀 다른 물리적 시점과 관점에서 세상을 보는 법을 가르쳤다.

그래서 키딩 선생은 학생 스스로 자신의 신념이 독특하고 나 자신을 믿고, 존중하며, 나만의 방식을 정립하여, 자신만의 걸음걸이와 속도로 삶을 주체적으로 살아나가야 한다는 가르침을 입시에 찌든 학생들에게 심어주었다.

난 이것이 '창의력 향상'의 첫발을 떼는 전형적인 사례라고 생각한다. 우리는 남이 어떤 것을 좋아하고, 또 싫어하는지를 먼저 살피고 잘 알지만, 정작 자기 스스로는 무엇을 좋아하고 또 무엇을 싫어하는지를 모른다.

왜냐하면, 나의 관점과 시선보다는 주위 사람들과 함께 가야 한다는 공동체 의식에 너무 사로잡혀 있기 때문이다. 서양과 대비되는 한국 사회의 특징이기도 하지만 개성을 무시하고 또는 억제하고 남들과 함께 더불어 사는 미덕(?)을 어려서부터 은연중에 가르친 결과가 아닌가 생각한다.

창의력 있는 아이로 키우기 위해서는 아이들이 자신만의 강점과 개성을 가지고 자신감 있고 의기양양하게 스스로 목소리를 낼 수 있도록 부모들은 옆에서 잘 도와야 한다.

뇌과학자와 예술가가 함께 쓴 인간 창의성의 비밀을 밝혀낸 책으로 유명한 『창조하는 뇌』에서 뇌과학자 데이비드 이글맨과 작곡가 앤소니 브랜딧은 인간이 창의적 생각을 통해 창조하는 방법 3가지를 말한다.

벤딩Bending이라는 것은 사물의 쓸모를 다른 것으로 응용해서 써보는 것이고 브레이킹Breaking은 하나하나 파트별로 구성요소를 분해해서 새로운 사고로 전환하는 방식이며 세 번째 블렌딩Blending은 이질적인 조합이 합쳐서 연계하고 연결해서 새로운 기능을 창조해 내는 방법이다.

어릴 적 핸드폰 방수 실험을 좌변기 안에서 한다든가, 집에 있는 각종 가전제품을 박살 내서 분해하고 고장 나게 했던 개구쟁이 시절 기억, 보드게임 3~4개를 통합하여 새로운 게임을 창조한 일 등등, 우리 애들 어릴 때 했던 여러 기이한 행동 중 많은 부분이 창의성 키우는 방법과 많이 맞아 떨어져서 좀 신기하기도 했다.

근현대 프랑스 철학에 중대한 영향을 미친 철학자이자 윤리학자인 '에마뉘엘 레비나스'는 창의적이고 창조적인 작업은 세 단계로 이루어진다고 말한다. 첫째, 받아들이기, 둘째, 예찬하기, 셋째, 전달하기이다. 이러한 관점에서 우리 부모가 생활 속에서 실천할 수 있는 아이들 창의력 높이는 방법 3가지를 제안해 보고자 한다.

1) 몰입하여 관찰 활동을 많이 할 수 있는 환경으로 이끌어서 세계관을 확장시켜 주어야 한다.

앞에서도 말했지만, 아이들에게 자연과 사람과 사물을 관찰하는 활동을 많이 하도록 해야 한다. 그리고 관찰은 눈으로만 하는 것이 아니다. 기록하고 수집하면서 메모하는 습관도 관찰력 향상에 도움이 된다. 영재성을 판별하는 특성 중에 '수집하기를 좋아한다'는 항목은 항상 포함된다. 대부분 영재들은 무언가에 관심이 있으면 열정적으로 관찰하고, 수집하고, 이를 범주화하여 결과물을 정리하여 공부하는 경향이 있다는 것이 영재 관련 전문가들의 견해이다.

여행, 등산, 산책 등을 하거나 자연을 관찰하면서 지나가는 길에 꽃을 만지고, 계곡 물소리를 듣고, 울창한 삼림 욕장에서 나무 냄새를 맡아보면서 세상에 대한 교감과 포용력, 그리고 깊은 이해력을 발전시킬 수 있으며 각자 자신의 창의적인 방식을 동원하여 세상을 받아들이고 세계관을 확장해 나아간다.

이런 대상이 꼭 자연일 필요는 없다. 사람들이 많이 다니는 공원 한가

운데서도 사람들이 어떻게 움직이는지, 어딜 향해 가는지, 무슨 생각을 하고 지나는지 등을 바라보면서 상상의 나래를 펼 수도 있다고 생각한다. 또, 여유가 좀 된다면 해외에 잠깐이라도 여행이나 거주하면서 견문을 넓히는 것도 세계관 확장에 좋다.

하버드 대학교 예술사 건축사 교수인 제니퍼 로버츠 교수는 예술작품 하나를 3시간 동안 무조건 보고 있어야 한다는 것이 수업이라고 한다. 3시간 동안 몰입해서 관찰하고 또 관찰해보면 그전에 보이지 않았던 것이 보이고 예술작품과 완전히 새로운 관계를 형성한다고 했다. 그녀는 주체적으로 참여해서 관계를 맺어 '실제 완전히 몰입해 들어가면' 그 안에서 새로운 것을 발견하는 게 첫발을 내딛는 행위라고 하였다. 개인적으로 굉장히 와 닿는 말이었다.

2) 매일매일 일기(또는 메모)를 쓰는 습관을 길러주고 앞으로도 지속하도록 지원하면 좋겠다.

일기는 자신의 활동을 뒤돌아본다는 점에서 아이들에게 매우 유익한 습관이다. 어떤 이는 아이들의 사생활도 보호되어야 한다는 논리로 일기 쓰기 자체를 반대하기도 하는데, 이것은 주객이 전도된 것이다. 틀에 박힌 일기 형식이 아니더라도 간단하게 메모 형식으로 하루 중 인상적인 일에 대해서 몇 줄만 남기는 것도 충분하다.

창의력 연구의 대가인 길포드는 창의력은 최대한 많은 아이디어를 내게 하는 유창성, 주어진 환경에 유연하게 대응하는 융통성, 참신하고 기발한 생각을 하는 독창성, 치밀하고 구체적인 사고를 하는 정교성 이렇게 4가지로 구분된다고 하였다.

이런 4가지 구분된 내용을 풀어서 설명해 보자면, 많은 것을 연상하고 또 거기에 해결방안을 제시하고, 관련 없는 것을 관련짓고 발상을 전환하여 사고하고, 틀에 박힌 사고에서 벗어나 다른 사람과 달리 생각하고 새로운 개념을 만들고, 거친 수준의 생각을 구체화 개별화하여 창의적 아이디어로 발전시키는 일이며, 이 4개 모두가 합쳐져서 '창의적인 사고'로 이어진다 하겠다. 이런 일련의 일들을 물리적으로 일상에 체화하는 것이 바로 '일기'라는 '글쓰기' 연습이라고 나는 생각한다.

똑같은 일상을 똑같이 쓴다면, 창의력 향상에 도움이 되지 않는다. 아이들이 일기에 쓸 수 있는 소재를 제공하는 것이 부모의 역할이다. 일기를 검사하라는 말이 아니고, 일종의 테마를 하나씩 던져주고 아이들이 자신들의 상상을 동원해서 각색해 나가도록 하면 '창의력 글쓰기'가 되고 이것이 매일매일 쌓이면 글 쓰는 능력이 일취월장 향상되어갈 것이다.

글쓰기의 중요성은 오늘날 더욱더 높아져만 간다. 이미 인공지능이 인간의 일을 조금씩 맡아 처리하는 시대가 도래하고 있고, 단순 반복 업무는 이미 AI가 대체하고 있다. 이런 AI를 제어하는 최상단에서 앞으로의 모든 산업은 창의력이 풍부한 미래를 책임질 인재를 필요로 한다.

창의력은 남들과 다른 독창적인 생각과 유연한 아이디어를 잘 표현하는 실천적인 활동이다. 이것을 위한 가장 기본적이면서 중요한 능력이 글

쓰기이고, 그래서 글쓰기는 글로벌 IT 기업에서 필수 역량으로 이미 자리 매김할 정도로 급부상했다.

'글을 쓰는 사람 중에 생각하지 않는 사람은 없다. 생각하지 않으면 글을 쓸 수 없다.'

3) 가족과 함께하는 놀이(독서) 시간을 매주 2차례 정도 1~2시간은 꼭 정해서 실천하면 좋다.

아이들이 하루 내내 창의적 상상과 사고를 했다고 하더라도 이것을 소소하게 자기 생각으로 전달하는 루트가 필요하다. 매일매일 하면 효과가 훨씬 좋겠지만, 아무리 바쁜 일상이라도 저녁 시간을 할애해서 아이들에게 오늘 인상 깊었던 일, 기분 좋았던 일, 슬펐던 일, 마음 아팠던 일 등등을 편안하게 서로 얘기하면서 같이 노는 시간(전달 시간)이 있어야 한다.

나는 스쳐 지나가는 생각의 파편들을 모아두지 않으면 공중으로 다 날아가며, 결국 아무런 도움이 되지 않는 상념이 될 수도 있지만, 차근차근 모아두고 구상을 하고 뭔가 살을 붙이면 좋은 아이디어로 발전하는 경우가 많다는 것을 인생을 살면서 배운 것 같다.

보드게임을 해도 좋고, 트럼프 놀이를 해도 좋고, 아이들과 흥미 있게 같이 하는 것을 하면서 이야기해도 되고, 그 시간을 통해 아이들이 관심 있어 하는 주제로 독서를 같이하는 방법도 있다. 책을 읽으면서 새로운 아이디어를 서로 발제하고 토론도 해보고 '엉뚱한 질문'도 좀 하다 보면 좀 더 발전적이고 창의적인 생각이 도출되는 경우도 많다.

천재 테크 사업가 '일론 머스크'는 '엉뚱한 질문'을 통해 상상을 현실로 만든 산증인일 것이다. 그 결과 달 관광 사업, 하이퍼 루프, 심지어 하늘에 반짝이는 우주 광고판 등 공상과학책에서 나왔던 것이 현실에서 펼쳐지고 있다.

또한, 일정 시간 같이 30분 정도 명상을 하는 것도 좋다. 명상은 '인지적 유연성'을 촉진한다. 다시 말해 서로 이질적인 개념들을 유연하게 받아들이거나 환경 변화에 즉각적으로 행동을 조정할 수 있는 유연성이 길러지는 것이다.

즉, 스트레스가 많거나 긴장되고 불안한 상황, 감정적으로 격해진 상황에서 쉽게 느낄 수 있는 것이 인지력 저하인데 이런 것으로부터 해방감을 느낄 수 있는 일종의 심적인 '방패' 역할을 해주는 것이다. 이런 명상은 상상력이나 호기심을 증대시켜 주는 효과도 있다. 그리고 전문가들은 이런 인지적 유연성이 사람들의 창의성을 확대한다고 하였다. 기존의 경험이나 지식에 얽매이지 않고 새로운 개념을 수용하는데 문턱을 낮춰주는 효과가 있기 때문이다.

'창의력은 교육하는 것이 아니라 길러지는 것이다'고 한다. 그렇다면 길러지기 위한 제반 환경이 필요해 보인다.

영국의 저명한 교육학자 켄 로빈슨은 『누가 창의력을 죽이는가』라는 책에서 "아이가 훗날 어떤 사람이 되어 무엇을 하며 살아가느냐는 바로 지금 어떤 경험을 하느냐에 달려있다"라고 했다. 아이들에게 상상력의 한계를 넘도록 하는 자유로운 환경을 조성해 주고, 공부 외에 다양한 경험을 할 수 있는 기회를 계속해서 지원해 주는 것이 엄마 아빠의 역할과 책임이 아닌가 한다.

이상, 지극히 개인적인 창의력 키우는 방법을 나열해 보았다. 다시 말하지만, 창의력 키우는 방법에는 왕도도 없고 정답도 없다고 본다. 그러나 남들과 똑같은 것을 보고도 다른 생각을 하는 아이가 분명히 있다.

내 경험으로는 대체로 그런 애들은 어릴 적 명랑하고 씩씩하게 잘 놀았던 아이들이 많았던 것 같다. 놀다 보면 사고력, 이해력, 비판적 사고, 감수성, 사회성 등이 자연스럽게 체득되기 때문이다. 유명한 프랑스 화가이자 근현대 미술의 거장 파블로 피카소는 "아이들은 누구나 예술가다. 그러나 문제는 성인이 되어도 계속해서 예술가로 있을 수 있는지는 알 수 없다"라고 하였다. 우리가 아이들의 창의성과 상상력을 방해하고 억압하고 막고 있지는 않은지 다시 한 번 생각해보아야 할 것이다.

미국의 유명한 극작가 버나드 쇼는 "상상은 창조의 시작이다"라고 하였다. 상상을 하다 보면 소원이 되고 이것을 이루고자 하는 의지가 생기고 마침내 상상한 것이 창조하여진다는 의미일 것이다.

오늘도 우리 아이들이 많이 많이 상상하도록 옆에서 지켜봐 주길 바란다.

★

아이가 어느 날 학교에서 평소보다 늦게 와서 왜 이리 늦었냐 하니 학교에서 버섯을 배웠는데 오는 길에 버섯을 발견해서 한참을 보고 왔다고 하더라고요. 그 말을 듣고 "아고 야~!" 하며 웃었는데 다음엔 더 도움되는 엄마가 되어봐야겠습니다. 그 이후로도 학원 다녀오는 길, 하굣길에 버섯을 찾고 구경하고 그러고 오더라구요. ㅎㅎ
알힘 님 글을 통해 아이를 조금 더 이해하게 되었습니다. 매번 피가 되고 살이 되는 글 진심으로 감사드립니다.

★

좋은 글 올려주셔서 감사합니다.
글을 읽어내리며 고개를 끄덕끄덕하게 되는데 막상 돌아서면 마음처럼 행동은 잘 되지 않는 것 같습니다. 부모라서가 아닌 그래도 삶을 더 길게 먼저 경험한, 글자 그대로의 선생으로서 한 발짝 떨어져 다가가자, 정답은 없지 싶으면서도 저도 모르게 사회구조 속에 순응하는 태도를 강조했는지도 모르겠습니다.^^
좋은 글들을 접하며 성찰하는 시간 참 소중합니다. 앞으로도 좋은 말씀 많이 부탁드려요.

좋은 글 감사합니다. ^^ 창의력 학원까지 생겨나는 요즘 알힘 님 글을 보니 중요한 것은 역시 가정에서 아이들에게 환경을 만들어주고 지지해주는 것이 우선이라는 생각이드네요. 집안을 엉망으로 만들기는 하지만 더 자유롭게 생각하고 놀 수 있도록 해보겠습니다.

일기 쓰는 습관이 좋다는 건 알고 있는데 나 스스로가 실천을 못 하니 아이들에게도 권하지를 못하는 거 같습니다. 어렸을 때 좋은 습관을 들이기도 쉽다는데. 지나고 보니 아쉬운 게 한두 개가 아닙니다.

감사한 마음을 가득 담아 경의를 표합니다. 잠간 멈추어 과거와 현재를 되돌아보게 하는 글이었습니다. 저의 한계로 아이를 제한하고 있지는 않은지 되돌아봅니다. 감사합니다.

서울의 모 초등학교에서 발생한 초임 교사의 극단 선택 사건으로 한동안 인터넷, 신문과 방송 헤드라인이 무너진 교권에 관한 이야기였다. 민감한 주제이긴 하지만 가정과 학교와 학생, 삼위일체가 곧 교육의 완성이라는 점에서 학교 교육은 매우 중요하다.

　지극히 개인적인 관점에서 현 세태를 바라보고자 한다. 네이버 카페에서 활동하는 대부분의 엄마 아빠들은 예외라고 보지만, 일부 소수의 메타인지가 안 되는 진상 학부모들에게 몇 마디 충고가 필요할 것 같아서 5개 정도만 적어보도록 하겠다.

　글을 쓰는 이유는 수많은 선량한 학생들이 미꾸라지 몇 마리들에 의해 피해를 보는 것이 안타까운 마음에서이다. 몰상식하고 저급한 마음, 안하무인, 극도의 이기심, 자기중심적 사고로 똘똘 뭉친 진상 학부모들을 철저하게 교화(?)하여 다시금 건강하고 따뜻한 학교 환경이 되어 가길 희망해 보면서 하나씩 써보도록 하겠다.

　진상 부모들께서는, 인생 선배로서 아이들 육아와 교육의 선배로서 하는 말이니 잘 새겨듣기를 바란다. 원래 좋은 약은 입에는 쓰나 몸에는 좋은 법이다.

1) 자기 자식 귀한 줄 알면 남의 자식도 귀한 줄 알아라.

어렸을 때 나의 엄마한테 맨날 들었던 말이다. 난 그런 엄마가 중심이 된 안정적인 가정에서 잘 교육 받고 자란 행운아다. 그래서 나도 똑같이 생각하고 행동한다. 우리 쌍둥이 귀한 줄 아니까, 다른 아이들도 우리 아이처럼 귀하게 예의를 가지고 대한다.

그런데 왜 많은 엄마들이 자신의 아이들은 소황제처럼 대하면서, 남의 집 아이들은 거지들 취급을 할까? 반대로 생각해보면 된다. 자신이 정성을 다해 이쁘게 키운 당신의 소중한 아들딸에게 옆집 아줌마는 거지 취급하고 있다는 것을.

2) 마마보이, 마마걸로 자란 아이들의 최후를 지켜보게 될 것이다.

자기 아이들만 옳고 다른 아이들은 다들 나쁜 놈들이고 하면서 그럭저럭 초등 중등 고등을 무사(?)하게 잘 헤쳐 나왔다고 치자. 그러나 이런 아이들은 일단 사회생활에 부적응자가 될 확률이 높다. 자기 생각도 없고, 판단능력도 없으니 당연히 일도 잘할 수 없다. 리더십을 가지고 조직을 통솔하거나 하는 중요한 자리에도 절대로 갈 수 없다. 본인 스스로 자주적이고 독립적인 사고를 못 하는 사람이 누굴 지휘하고 리딩하겠는가?

그리고 제대로된 결혼도 못 한다. 결혼정보회사 통계에 따르면 가장 진상 고객이 바로 마마보이 마마걸이라고 한다. 어떻게 해서 결혼까지는 하더라도 3년 이상 결혼 생활이 지속되는 것이 불가능하다고 한다. 이혼 전문 변호사들도 입 모아서 하는 말이 사소한 문제도 자기들끼리 해결 못

해서 결국 시댁, 친정 간 집안싸움으로 비화하여 찢어지는 경우가 다반사라고 하였다. 아무리 명문고에 서울대 할아버지를 나온들 무슨 소용인가? 결혼에 실패하면 인생의 절반은 실패다. 새겨듣기를 바란다.

3) 쓸데없이 노닥거리고 마녀 사냥하는 일부 나쁜 맘 카페에서 제발 해방되길 바란다.

모든 맘 카페가 다 그렇지 않겠지만, 수많은 맘 커뮤니티에서는 루머와 근거 없는 소문을 퍼나르고, 확대 재생산하면서, 사실관계를 왜곡하기도 하고, 또다시 이를 전파하는 해악한 일이 너무나 많이 발생하고 있다. 본인이 진정 슬기로운 엄마라면, 자신이 쓴 글이, 다른 엄마, 선생님, 학교, 등 이 사회 공동체에 얼마나 안 좋은 영향을 미치는지 다시금 생각하길 바란다.

심지어 학교 선생님이나 다른 학생 학부모를 대상으로 쉬운 말로 '엿' 먹이는 '꿀팁'이라고 하면서 자랑처럼 서로 정보 공유하고 퍼 나르는 초등학생보다 못한 마인드를 가진 사람들이 부모랍시고 활약(?) 하고 있는 현실이 참 개탄스럽다.

본인이 쓰거나 퍼 나른 근거 없이 날조된 이야기들이 결국은 돌고 돌아 자신과 아이들에게 부메랑이 되어서 돌아온다는 것을 명심해야 할 것이다. 그 시간에 교육지침서과 같은 책을 읽거나 교육 전문가 또는 선생님과 상담하는 게 훨씬 좋다.

4) 대안 없는 비난만 하지 말고 현재의 공교육 시스템을 잘 활용하도록 하라.

앞서 명시했듯이 나도 현재의 공교육 시스템에 문제가 많다고 본다. 개선해야 할 것도 너무나 많다. 그러나 불만만 얘기하고 비난할 시간에 현재 학교 상황에서 사랑하는 우리 아이들이 나름대로 잘 적응해서 좋은 성적으로 무탈하게 졸업하는 영리한 방법을 찾아야 한다.

제도적으로 잘못된 것이 있으면 적법한 절차에 따라 의견을 제시하고 여러 사람과 논의를 거쳐 합리적인 대안을 찾아야 한다. 이러려면 시간이 많이 소요되고, 학부모 스스로 참여를 해야 하는 수고가 있기 마련이다. 그러나 이렇게 목소리를 내고 같이 참여하는 것이 수수방관만 하거나 해결책도 없는 하소연 글이나 비방글을 올리는 것보다는 훨씬 좋은 해결 방법이 될 것이다.

그리고 쓸데없이 선생님들과 감정싸움하지 마라. 선생님들도 다들 집에서는 금지옥엽 소중한 딸·아들이고, 사랑스러운 아내·남편이고 또 가정을 지켜나가는 하나밖에 없는 부모다. '역지사지'라는 쉬운 말을 왜 그렇게 실천을 못 하는지 모르겠다.

자신은 퇴근 후 직장 상사에게 카톡만 와도 스트레스받고 욕하면서, 자기 아이 선생님에게는 퇴근 후에 항의 문자를 수도 없이 남발하는 이중적인 태도는 과연 무엇인가? 반성하길 바란다.

또한, 불만이 있더라도 가족 친척 친구들 중에 초중등 교사 한두 명은 있을 텐데…. 처지 바꾸어서 한번 생각해보고 차분한 마음으로 해결할 방법을 같이 찾아보아야 한다. 흥분한 상태에서 대화해 봤자, 학부모와 아이들만 손해일 수 있다.

　일례로 학급 전체를 위해 선생님이 개인적으로 열심히 뭔가를 준비했다가 몇몇 학생의 사소한 불만 때문에 일을 그르치는 경우, 선생님은 좋은 선의를 가지고 열심히 노력해 보고자 하는 의욕이 꺾이게 되고 더이상 학생들 위한 건설적인 교습을 할 수가 없게 된다. 다시 말해 '참교사'는 없어지고 '공무원'만 남게 되는 것은 몇몇 진상 학부모들이 만들어낸 부작용의 결과이다.

　현재 학교 여건상 선생님의 하루는 오로지 학생들에게 집중할 수 있는 시간이 그리 많지 않은 것이 사실이다. 학교 행정업무도 많고 교재 연구, 각종 상담, 특히 요즘은 학폭 신고에 대한 대응 등등, 선생으로서 가르쳐야 하는 순수한 교사의 직분에 많은 시간을 할애할 수 없게 되어 있다.

　이것은 선생님들의 잘못이라기보다는 교육 당국과 학교 시스템의 문제이다. 모든 선생님은 백이면 백 아이들과 많은 시간을 보내고 싶고, 어떻게 해서든지 뭐 하나라도 더 알려주고 가르치고 싶은 사람들이다. 이 사실은 꼭 알아두길 바란다.

　그러니, 아이들 학교생활 과정에서 빚어지는 여러 오해와 갈등은 최대한 마음을 한번 가다듬고 조금은 흥분을 가라앉히고 나서 이성적인 대화로 풀어나가야 할 것이다. 이것이 나의 소중한 아이들을 지키는 일이라는 것을 명심하길 바란다.

선생님도 감정이 있는 사람이라, 좋지 않은 대우를 받은 학부모의 아이 한테 천사와 같이 좋게 대할 수 있을까? 난 아니라고 본다.

5) 엄마 아빠도 사람 대하는 법, 인간관계 등에 관한 공부를 많이 해야 한다.

앞서 아이들을 객관적이고 독립적인 객체로 인정해야 된다고 몇 번씩이나 강조한 바 있다.

학교에서 진상 부리는 대부분의 학부모들은 아직 이런 과정이 미숙하다고 본다. 또 선생님을 대하는 관계에 대해서는 아직 공부가 많이 부족해서 고성을 지르거나 심지어 욕설을 퍼붓는 등의 행패를 부리는 것이다.

부모들도 공부해야 한다. 수양해야 한다. 심신을 다스리는 명상도 하고, 몸과 맘을 건강하게 유지해야 한다.

"절대로 남을 비난하지 마라"가 1장인 데일 카네기의 『인관관계론』(원제목은 『How to win friends and influence people』이다. 해석해 보면 "친구를 사귀고 사람들에게 영향을 미치는 방법" 정도의 의미다) 등과 같은 수많은 도움 되는 책들이 도서관이나 책방에 널려 있다. 제발 일주일에 한 권 정도라도 인간을 이해하는 인문학을 읽고 마음 수양을 해서 부모로서의 인격을 높여나가길 바란다.

공자의 제자로 동양 고전의 최고봉인 '순자'는 인간은 "자기를 대하는 기준으로는 목수가 먹줄을 놓듯이(정확하게 똑바르게) 해야 하고, 남을 대하는 기준에는 사공이 배를 젓듯이(부드럽고 유연하게) 해야 한다"고

했다. 인간사 모든 일에 자신 자신에게는 단호하게 남들에게는 포용하는 자세로 임하면 해결되지 않을 것이 없다.

번외로, 자신이 혹시 빌런 진상 부모가 아닌지를 매사에 스스로 자문해 보라.

'내로남불'이다. 자기는 늘 상식적인 사람이고, 자신의 요청은 아이를 위해서 뿐 아니라 교실 전체 학생의 인권 향상을 위해, 또는 잘못된 교육 정책에 대한 정당한 요구라고 생각한 것이 다른 사람들이 보기에는 그냥 떼쓰거나 무리한 요구를 하는 경우로 비칠 수 있다는 점을 항상 명심하고 염두에 두어야 한다.

자기객관화를 통해서 사안을 돌아보고, 자기 입장에서 이런 요구를 했을 때 다른 학부모, 또 아이들, 선생님들이 어떤 입장에 처해지는지를 차분히 생각해보고 행동해야 할 것이다.

"장난 삼아 던지는 돌에 개구리는 맞아 죽는다"는 말이 있다.

제아무리 선량한 의도로 뭔가를 주장하거나 관철하려고 할지라도 그 결과가 상대방이나 이해관계자에게 피해를 주는 경우가 흔하다는 점도 생각해봐야 한다.

이상 좀 직설적인 어조로 정신 못 차리고 있는 어리석은 학부모를 타겟팅해서 전하고 싶은 말을 적어보았다. 우리 아이들은 정말이지 사랑스럽고 소중한 존재다. 자식을 위해서라면 목숨을 걸고, 죽음도 마다치 않는 것이 바로 부모의 마음이다. 그리고 이러한 아이들이 학교 공동체에서 행복하고, 바르고, 슬기롭게 잘 자랄 수 있도록 하는 것은 선생님들의 도움이 없으면 절대로 안 된다.

'교권'이라는 것은 단지 '위계'만을 중시하는 경직된 단어가 아니다. 교권을 세우는 일은 아이들의 훈육과 교육을 최일선에서 책임지시는 선생님의 권위와 역할과 자격을 인정하고 존경하는 것으로부터 출발한다. 선생님과 교육 당국 스스로가 교권을 세울 수는 방법이 있다고는 하나 한계가 있다고 본다. 가장 좋은 방법은 우리 아이들과 학부모가 나서서 선생님의 권위와 역할을 존중하고 존경하고 인정하면 그렇게 되는 것이다. '교권'과 '학생 인권'이 둘 다 고귀한 가치로서 상호 인정받고 존중받아야 시너지가 난다. 다시 말해 어느 하나의 희생으로 다른 하나의 가치가 올라가는 구조가 아니라는 뜻이다.

반대로 양 주체가 상호 비방하고 반목하고 자신이 속한 편만 옳은 가치인 것처럼 행동한다면 오히려 둘 다 망치는 나쁜 결과를 초래하게 된다는 것을 명심해야 할 것이다.

★

너무나 맞는 말씀입니다. 진상 학부모가 있어 1년간 반 전체 아이들과 선생님이 너무나 힘든 과정을 거쳤네요. 이런 분위기가 지속되니 아이들도 학교 가기 싫다를 반복해서 말하고.
여러 사람들에게 상처를 주고 소중한 추억과 시간들을 더이상 뺏는 일이 없기를 바라며 이런 학부모를 대처하는 강력한 방안이 나오길 바라봅니다.

★

공감해요. 작년까지 이기적으로 교사에 대한 개인적인 불만을 이유로 헛소문을 퍼뜨리고 결국엔 그만두게 하는 분위기로 교묘하게 만들어 가는 학부모 몇 명을 경험해보니 그런 사람들은 바뀔 수 없겠다는 생각을 하게 되네요. 그저 피해야지요.
올해부터 보지 않게 되니 삶이 달라지는 기분이에요. 자기만 아는 이기적인 분들은 소수가 있는 대안학교로 가면 조금은 개선의 기회가 주어지지 않을까 싶기도 하고요.

★

선생님에게 바라는 게 너무 많아요. 윤리적 잣대가 너무 높기도 하구요. 전 선생님도 우리랑 똑같은 누군가의 아들딸이고 아빠 엄마이고 형제자매라고 생각하거든요. 그래서 실수도 할 수 있고요. 지금도 SNS 상에 보면 선생님께서 한 말 한마디 가지고 왈가왈부하는 사람들 많아요. 내 아이 말만 믿고 선생님은 본인이 욕먹는지도 모르고 욕 잔뜩 먹고 있는 상황이지요. 제발 앞뒤 상황 모르고 내 아이 말만 믿지 않았으면 합니다. 우리가 말을 하다 보면 상황에 따라 그 말이 전혀 다른 의미가 되기도 하거든요. 그리고 아이의 말은 그 상황이 왜곡되기도 한다는 사실! 부모들이 제발 기억해 줬으면 합니다. 올리기 쉽지 않았을 내용의 글 올려주셔서 감사해요. 많은 분들이 이번 사건을 계기로 진정 내 아이를 위한 길이 어떤 길인가 고민해 봤으면 좋겠어요.

⭐ 모든 글 공감합니다만, 특히 요즘은 2번에 대해 정말 많이 생각하고 있어서 완전 와 닿네요. 멀쩡한 좋은 대학 다니는 첫째 아이 친구들 중에서도 부모의 간섭이 지나친 경우를 많이 보고 있습니다. 결혼도 엄마가 시켜주겠다는 말이 절로 나올 지경인데 진심 걱정스러울 정도이더라고요.

⭐ 저는 알힘이 님 글을 읽으며 많이 공감하고 많이 배우는 사람 중 한 명입니다. 그래서 알힘이 님 글을 볼 때마다 늘 감사한 마음으로 읽고 있습니다. 그리고 이번 글도 역시나, 고개를 끄덕이며 읽었습니다.
알힘이 님께서는 소수의 몰염치한 부모들에게 정신 차리라는 의미에서 일침을 가하신 것이기에, 이번 사태를 보며 들었던 생각을 알힘이 님의 글에 댓글로 적는 것이 적절치 않을 수 있겠다는 생각이 들었지만, 아주 작은 개인적인 단상을 게시판 글로 따로 적기에는 과하다는 생각에 알힘이 님의 글에 댓글로 남겼습니다. 알힘이 님께서 너그럽게 이해해 주시길 부탁드립니다.

미꾸라지 한 마리가 흙탕물을 만든다는데, 세상을 보면 정말 소수의 정신머리 없는 사람들이 문제를 일으키는 것 같습니다. 회사를 봐도, 정치를 봐도, 심지어 작은 모임에서도 그러한 것 같습니다.

소수의 진상 부모 때문에 피해를 보는 선생님이 있는 것처럼, 한두 명의 몰지각한 선생님 때문에 고통당하는 아이도 여전히 존재하니 어느 집단이나 나쁜 사람, 자격 없는 사람은 있나 봅니다. 소수의 사람이 흐려놓은 흙탕물을 균형 잡힌 시각으로 잘 풀어내길 바라는 마음으로 모든 학부모님들과 선생님들을 응원합니다.

저도 현직에 있어요~ 저도 한 명의 미꾸라지가 온 학급에 피해를 줘도 교사가 할 수 있는 게 없다는 현실을 작년에 경험으로 깨닫고 무력감을 느꼈어요. 사실 힘들게 하는 학생은 안고 갈 수 있는데 비협조적으로 오히려 교사를 비난하며 협조하지 않는 학부모 때문에 더 힘들었습니다.

문제 아이들까지 비난받지 않았으면 하는 마음도 있어요. 아이들은 자라면서 그럴 수 있으니까. 문제가 된다고 다 배척하면 그 아이에게는 올바르게 성장할 기회조차 없는 거라고 생각합니다. 그러나 그걸 지도하지 않는 부모의 잘못이 100%입니다.

17 수학과 재미있게

놀 수 있는 방법에 관하여

첫째 아이가 고등학교 1학년 시절 수학경시대회에서 고등부 대상을 받았을 때, 주최 측에서 명예의 전당 수상소감 관련 기고문을 써달라고 해서 아이가 스스로 직접 쓴 글을 보게 되었다. 요약해 보자면 수학을 일상생활에서 '놀이처럼 쉽고 재밌게' 하다 보니 흥미가 생기고 좀 더 깊이 찾아보고 공부하다 보니 대상 수상을 하게 되었다는 내용이었다.

엄마 아빠가 너무나 뛰어나서 아이들이 수학을 최고로 할 수 있도록 모든 주위 환경을 완벽하게 해준 것도 아닌데 아이가 "놀이처럼 쉽고 재밌게" 수학을 즐기면서 공부했다는 것이 일단 고맙기도 했고 신기하기도 했다.

문득 생각해보니 주말에 여행 다닐 때마다 자동차 번호판 숫자 가지고 이것저것 연산도 해보고, 합해서 누가 높나 내기도 하고 하면서 그냥 숫자 놀음하며 소소하게 지냈던 기억이나, 루미큐브 보드게임을 재밌게 하면서 숫자와 친해지거나, 피자 먹을 때 가장 평등하게 나누는 방법을 찾아보거나, 가끔 엉뚱하게 서울 안에 고양이가 몇 마리나 있을까 하는 질문을 서로 하면서 놀았던 기억들이 떠올랐다. 혹시 그런 생활 속 만담들이 자연스럽게 스며들어서 그런 얘기를 하나 싶기도 했다. 이건 그냥 나의 지극히 개인적 생각이다.

수험생을 둔 엄마 아빠들은 아마도 수학공부 때문에 고민이 많을 것이다. 입시에서 수학의 영향력은 예전에도 그랬지만 앞으로도 더욱 커질 것으로 보인다. 그런데 일단은 어려운 게 사실이다. '수학'은 내가 대학입시를 치를 때인 8090 시절에도 수포자들이 이미 많았고, 요즘 엄마 아빠들도 아이들이 수학을 싫어하거나, 또 아예 관심과 흥미가 전혀 없거나, 생각보다 학교 성적이 나오지 않거나 해서 무척 고민이 많을 것이다. 참 어려운 과목이다.

소위 '수학머리'를 타고난 아이들도 아주 가끔은 있는 듯 하다. 옛날 인기리에 방영되었던 〈영재발굴단〉 같은 것을 보면 혀를 내두를 정도로 수학 천재인 아이들도 있어서, 사람들은 수학머리는 타고나거나 유전일 확률이 높다고 생각하지만, 실제 프로그램 내에서도 부모님은 평범한 사람인 경우도 많았던 것 같다.

아이들 키워본 나의 경험상 결론은 '수학머리는 약간의 유전적 영향도 받기는 하지만 환경적 요인이 훨씬 많이 작용한다'이다.

다만 어릴 때부터 숫자와 친해지고 논리적 사고를 잘 할수 있도록 자극을 많이 받으면 받을수록 수학적 재능이 차츰 커 나가는 것이고, 반대인 경우는 아이가 수학적 두뇌가 있더라도 발전하거나 커 나가지 못해서 그저 그런 평범한 범재로 남게 되는 것 같다.

수리과학을 전공하는 첫째가 대학 2~3학년 정도에 했던 말이 기억난다. "아빠 내가 요즘 학교에서 뭐 하는지 알아?" 난 "수리과학부이니 수학 공부하겠지" 했더니 "아니야 난 숫자는 거의 쓸 일이 없고 논리적 수식기호를 써서 증명하고 있어 증명" 이렇게 얘기한다. 다시 말해 대학진학 이후 수학은 논리적 추론 능력을 기르는 데 집중되어 있다는 말이다. 중고등 수학은 정수 기하 대수 등을 주로 계산하거나 연산을 통해 답을 얻는 것이지만 대학 수학은 논리로 증명해 가는 과정인 것이다.

그래서 중고등학교 수학 우등생이 대학 수학에까지 지속하지 못하는 경우도 많아 보인다. 특히 수능 입시나 올림피아드 체제에 맞도록 훈련받아 수학을 풀었던 학생들은 나중에 대학교 이후 고등 수학 이상으로 가면 한계가 있을 수 있다. 더구나 한정된 시간 내에 다량의 문제풀이 형식에 익숙해진 아이들의 경우 본격적인, 제대로된 '수학'이라는 학문을 맞이하면 "아. 나의 길이 아닌가 보다" 하고 포기하고 다른 길을 모색할지도 모른다.

그렇다면 우리 30·40 엄마 아빠들은 단지 입시를 위한 도구로서의 수학 과목이 아니라, 수학적 사고능력을 키우고 사고력과 논리력을 확장할 수 있는 그야말로 제대로 된 '수학'이라는 것을 중고등 시절부터 아이들이 좋아하면서 커 나갈 수 있도록 하는 전략을 짜 봐야 할 것이다. 생각해보자. 현재, 지금 당장 아이들에게 수학을 전문으로 하는 좋은 학원을 등록시켜주는 것 말고 과연 일상생활에서 아이들에게 수학과 친해지게 할 방법이 무엇일까?

방법을 얘기하기 전에 나는 일단 엄마 아빠가 가지고 있는 수학에 대한 부정적 시각과 관점을 좀 바꿀 필요가 있어 보인다. 가끔 수학 우등생도 있었겠지만, 30·40 대다수 부모들도 고등학교 시절 수학의 정석을 풀면서 머리 뜯어가면서 포기냐 찍기냐를 고민하던 사람들도 꽤 많았을 것이다.

이미 머리에 '수학은 어려운 것' '수학은 타고나야지 잘하는 것', '수학은 노력해도 안 되는 것'이라는 편견이 뿌리 깊게 박혀 있는 상황에서 아이들한테 수학은 즐겁고 재밌다고 말할 수 있겠는가?

"현재 존재하는 모든 사물과 아직은 비밀스러운 모든 지식으로 들어가는 입구, 그것이 바로 수학이다."

기원전 약 1,700년 전 인류 이집트 제국의 파피루스에 써있는 글이다. 알다시피, 이집트는 나일강이 매년 범람하였고 이러한 치수를 제대로 못하면 백성의 원성을 사서 왕권도 위험에 처했기 때문에 여기에 반드시 수학이 필요했다. 피라미드 건설에 필요한 역학이나 그 외 토지분배 등 다양한 곳에서 이미 수학은 필수적인 학문이었다.

그리스 철학자이자 수학자 '피타고라스'는 우주 자체가 수로 만들어졌다고 믿었다. 피타고라스의 정리에서도 알 수 있듯이 그는 우리가 숫자와 같은 추상적인 개념을 현실에 적용할 수 있는 방법을 말해준다. 이를 통해 인류는 수학과 현실 사이의 연결고리를 더욱 명확하게 이해할 수 있게 된 것이다.

수학을 좋아했던 근대 최고의 철학자 임마뉴엘 칸트의 『순수이성비판』은 인간의 인식론에 관한 끝없는 탐구를 논하는 책이다. 과연 인간은 어떻게 사물을 인식하고 알 수 있는가? 에 대한 철저한 물음에 대한 답은 "인간은 선험적 종합판단을 통해 경험한 사물을 구상화하고 이성을 통해 개념화해서 사물을 인식한다"고 했다. 철학적 용어라 좀 어렵지만, 다시 쉽게 한번 설명해 보겠다.

아이들한테 큰 종이 한 장씩 주고 동그라미를 그려보게 한다. 크게 3가지 종류로 나뉜다. 첫째, 아이는 펜을 잡고 그냥 팔로 휙 한번 원을 그려서 동그랗지도 않지만 대충 동그란 모양으로 그린다. 둘째, 컵을 뒤집어서 본을 딴 다음에 그 컵의 가장자리 둘레에 맞춰서 조심스럽게 그리는 아이가 있다. 그리고 마지막, 곰곰이 생각을 해보다가 종이 가운데 한점에 핀을 꽂고 실을 묶고 나서 줄을 쭉 당긴 다음에 회전을 시켜서 원을 그리는 아이가 있다. 마치 컴퍼스를 가지고 그리듯 말이다.

이 중 어떤 아이가 수학적으로 앞으로 가능성이 있는 아이일까? 물론 두 번째 아이도 모범생처럼 자신의 경험을 살려서 원을 그리는 성실한 학생일 수 있다. 그러나 수학적 소양을 가진 이는 세 번째 아이가 될 것이다.

그런데 생각해보라. 이 아이한테 처음에 누가 '원의 수학적 정의' 즉 '한점에서 같은 거리에 있는 선을 360도로 잇는 도형'이라고 먼저 가르쳐 준 것이 아니다. 그러나 아이는 스스로 뭔가 번뜩이는 생각을 가지고 이렇게 하는 것이다. 이것을 '직관'이라고 한다.

그렇다. 바로 직관적으로(누가 가르쳐 주지 않았으니 경험이 아니라 선험적) 그것을 인지하고 개념화해서 원을 완성한다는 것이다. '삼각형의 내각의 합은 180도이다'라는 명제도 마찬가지다. 수학의 논리는 발견되는 것이지 발명하는 것이 아니기 때문이다.

칸트는 수학과 물리학 지식 안에 '선험적 종합판단'이 있다고 보았으며, 철학이라는 학문 역시 그러한 수학과 물리학 지식과 같은 기반 위에서 성립해야 한다고 주장한 바 있다. 이러한 바탕으로 이후에 과학철학 분야에도 많은 영향을 미쳤고 나중에 국제사회(유엔의 기초를 세움)의 발전과 인류공동체 건설에 큰 역할을 하였다.

이렇듯 '수학적 사고'를 하는 것이 인간의 이성과 사고의 틀을 확장하고 또한 윤리적이고 건전한 인격을 함양하는 데도 도움이 된다는 것을 엄마 아빠들도 잘 알아야 할 것이다.

그리고 수학은 독해력과 문해력 향상에도 많은 도움이 된다. 수학에서 오답이 나는 경우는 문제를 잘못 이해하거나 곡해해서 생기는 경우가 많은 것이다. 문제가 무엇을 원하는 것인가를 이해하는 능력을 수학은 즉석에서 길러주는 효과도 있다.

다시 돌아와서, 그럼 수학을 일상생활에서 쉽고 재밌게 아이들에게 해주는 방법으로 난 간단하게 3가지 정도로 말해보려 한다.

첫째, 주위에 모든 사물이 수학적 원리로 되어 있다는 사실을 매일매일 조금씩 알려주고 흥미를 유발하면 좋다. 꽃잎이 피는 수학적 원리, 큰 수

박 한쪽이 작은 수박 반쪽보다 이득인 이유 등 생활 속에서 정원을 거닐면서, 쇼핑하면서도 나눌 수 있는 대화 속에서 실천해보면 어떨까? 아이작 뉴턴도 사과가 떨어지는 것을 보고 왜 그럴까? 고민 고민해서 결국 인류 최고의 발견이라는 '만유인력의 법칙'을 견인해 내었으니 말이다.

둘째, 요즘처럼 입시 공부가 많고 인풋이 많은 수험시즌에서 아이들에게 아무것도 안 하는 시간을 주는 것도 중요하다. 또한 지나친 선행학습은 역효과가 많다고 본다. 아이들이 학교나 학원 등에서 수학적 원리를 배운 이후에 이것을 스스로 익히고 확장할 수 있도록, 상념에 잠겨 공상하거나 생각할 수 있는 시간을 많이 주면 아이들이 여유를 가지고 사고를 하게 될 것이다.

아이들의 수학적 창의성을 키워주려면 하나에 몰입할 수 있는 여유와 시간이 필요하다. 난 산책을 추천한다. 아무 생각 없이 걷는 것이다. 칸트도 매일 머리를 비우고 산책하면서 근대 철학을 통합하는 코페르니쿠스적 전환을 하였듯이 말이다.

마지막으로 아이들이 자기 스스로 만든 수학문제를 엄마 아빠가 풀도록 하는 일종의 놀이수업을 하는 시간을 루틴처럼 생활화하여 수학적 언어가 발전할 수 있도록 도와주는 방법도 좋겠다. 앞서 얘기했듯이 자신이 100% 이해하지 못하면 다른 이에게 전달할 수 없기 때문에 이런 역할놀이를 통해 사고력 전달력, 소통능력 등 수학 외 소양도 키우는 데 도움이 많이 될 것이다. 힘에도 구심력이 있고 원심력이 있듯이, 엄마 아빠와 아이들 간의 끌어당기는 힘과 밀고 나가려는 힘이 같이 조화롭게 균형을 맞출 수 있도록 노력해 보면 좋을 것 같다.

서울대 공대, 치의대, 의대를 모두 경험한 한 의사가 자신의 유튜브에서 수학공부의 중요성을 이야기하면서 첫마디가 "제가 아는 수학 잘하는 사람들 중에 나쁘거나 악한 사람은 단 한 명도 없었다"였다. 그 말의 배경에는 아마 '수학을 통해 길러진 이해력, 논리력, 사고력, 자기통제력, 규칙 도덕을 지키는 제어능력 등이 발현되어서 인격으로 뿜어져 나오기 때문이 아닐까?' 하는 생각이 든다.

지금 당장 입시에서 좋은 성적을 낼 수 있도록 하는 수학공부도 중요하지만, 앞으로 대학 가서 그리고 이후에 성인이 되어 어떤 상황에서라도 "어떻게 하면 더 좋은 결과, 최적의 효과를 이끌어 낼 수 있을까?"라는 문제 해결 능력, 방향 결정 능력 등등이 수학적 사고를 많이 한 사람에게 훨씬 유리할 수 있기에 수학공부는 인생 공부처럼 꾸준히 멀리 보고 해야 한다.

필즈상에 빛나는 허준이 교수도 처음부터 소위 '수잘알'이 아니었다. 허준이 교수의 아버지가 어린 허준이를 가르쳤더니, 문제를 스스로 풀지 않고 답지에서 답을 베꼈고 그래서 해설지를 없앴더니 서점에 가서 답지를 사진 찍어 답을 썼다는 일화도 있다.

다시 말해 허 교수도 처음부터 수학을 잘하는 사람이 아니었고 그냥 의무감에 하는 수학을 싫증을 느끼다가 어느 순간 수학을 즐기고 좋아하는 학생이 되면서부터 수학을 잘하는 사람이 된 케이스다.

글을 마무리하면서 30·40 학부모님에게 당부드린다. 아이들이 현재 수학을 어려워한다고 해서 절대 스스로 포기하도록 놓지 않았으면 좋겠다. 일부 "수학 못 해도 인생사는 데 전혀 문제없어" 하면서 아이들에게 애써 위로하는 엄마 아빠도 있을 것 같은데 긴 인생을 볼 때 그건 바람직하지 않다.

실제 인생이 수학 잘하는 사람이 행복하고 성공한다는 보장은 없다고 치자. 그러나 오늘 학교에서 열심히 근의 공식을 증명하고 확률과 통계를 돌려보고 미적분을 공부하고 배우면서 길러지게 되는 생각하는 능력, 논리력, 사고력, 직관력, 문제 해결 능력 등이 아직은 발현이 되지 않더라도 차근차근 쌓인다. 이게 결국 나중에 성인되어 한 인격체로서 갖추어야 할 여러 품성을 키우는데 생각보다 큰 영향을 미친다는 것은 이미 여러 연구를 통해서 확인된 사실이다.

그렇기에 수학은 공부해 볼 만한 충분한 가치가 있는 학문이며 '인간의 품격을 높이는 하나의 인문학'이라고 생각한다.

오늘도 수학공부에 열공하는 수험생들을 열렬히 응원하며 지난 2016년 제33회 '한국수학경시대회' 고등부문 대상을 수상한 아들의 수상 수기를 소개한다.

< 즐겁게 공부하기 >

- 제33회 한국수학경시대회(KMC)(2016년 전기) 고등부문 대상 -

저도 고등학생이어서 고등학생들의 삶이 얼마나 빠듯하고 힘겨운지 알고 있습니다. 제 주위에도 심적으로 힘들어하는 친구들 있죠. KMC에서 만들어 준 이 좋은 기회를 통해 고등학생들 또는 특목고나 과학고, 영재고를 준비하고 있는 중학생들, 수학을 좋아하는 많은 친구들에게 도움을 주고 싶습니다.

일단 제 이야기를 해 보겠습니다. 수상수기에 나오는 단골멘트지만 저도 어렸을 때부터 수학을 좋아했습니다. 가족과 여행 가는 길에 보이는 자동차 번호판의 수를 더하고 곱해 보기도 했고, 보드게임도 많이 했던 것 같습니다. 하지만 초등학교 때는 주로 가족들과 캠핑, 등산을 가거나 친구들과 놀면서 지냈습니다. 중학교 1학년 말, 영재고 대비 학원에 처음 들어가 처음 보는 어려운 수학 문제나 이론을 접하고는 충격을 받기도 했고, 그런 문제들을 자연스럽게 받아들이는 친구들을 보며 공부를 늦게 시작한 것을 후회하기도 했습니다. 그 이전까지 수학 교과서나 서점의 문제집 정도 사서 가볍게 풀며 수학 공부를 했던 나에게 한 번에 서너 시간씩 자리에 앉아 내가 몰랐던 수학 이론으로 무장한 채 어려운 문제와 씨름하는 모습들은 제게는 전혀 딴 세상의 모습처럼 보였습니다. 하지만 그때 포기하지 않고 즐겁게 그 시간을 헤쳐 나올 수 있었던 것은 지금 생각해 보면 어렸을 때의 즐거운 경험들이 어려울 때 즐겁게 헤쳐 나갈 수 있는 긍정적인 성격의 나를 만들어주었고, 그것은 공부에 열중해야 할 시기에 집중할 수 있는 힘이 되어 주었습니다.

그런 의미에서 가끔 성적을 올리기 위하여, 1등을 하기 위하여 밤새 수학 문제나 학교 공부와 씨름하며 책가방만 메고 학교나 학원을 의무감에 왔다 갔다 하는 사람들의 이야기를 들으면 참 안타까웠습니다. 1등을 하기 위해 공부하면 절대 1등을 할 수 없다고 생각합니다. 이 세상에는 나보다 더 열심히 노력하고 뛰어난 사람들이 참 많이 있습니다. 이 사람들을 모두 내가 뛰어넘을 수는 없습니다. 여기 KMC의 문을 두드리고 제 수상 수기를 읽어보는 분들은 모두 수학을 나름 잘하는 분들일 것입니다. 그 실력에 새로운 것을 알아가는 것에 대한 호기심을 더하여 '나'의 즐거움을 위해 수학 공부를 했으면 좋겠습니다.

중학교 2학년 때인가 저는 KMC 시험을 딱 한 번 본 적이 있습니다. 그 전에 나름대로 수학에 자신감이 있었기에 은근히 KMC에서도 높은 점수를 기대했지만, 결과는 무척 좋지 않았습니다. 그래서 저는 내가 수학을 다른 사람 앞에서 상 받을 만큼 잘하지 못한다는 사실을 깨닫고 상을 받기 위한 공부, 문제 풀이보다는 정말 제가 알고 싶은 분야의 책을 찾아 읽고 문제를 풀었습니다. 다른 사람에게 보여 주거나 점수를 확인받을 필요가 없으니 그 과정은 스트레스가 거의 없는, 오히려 지적 호기심이 채워지는 즐거운 공부였습니다. 그리고 이렇게 아무 기대 없이 가볍게 응시한 시험에서 뜻하지 않게 대상의 영광을 안게 되었습니다.

여러분도 대상이나 금상을 타려고 도전하는 것이 아니라, 1등이나 합격, 불합격이 목표가 아니라 나의 즐거움을 위해 내가 좋아하는 것을 시작해 보십시오. 그리고 그것이 수학이라면 같은 것을 좋아하는 사람으로서 무척 기쁠 것입니다. 다만, 수학을 정복하려는 대상이 아닌 같이 노는 친구로 생각해 보십시오. 그러면 나의 수학 공부에는 실패가 있을 수 없습니다. 남들의 기준에 맞추지 않아도 되니까요. 내가 시간 날 때 나의 수준에 맞춰 기다려 주는 친구와 즐겁게 함께한다면 어느 순간 내가 의식하기 전에 나의 실력도 함께 성장해 있을 것입니다.

저는 학창시절 수학을 가장 좋아했어요. 하지만 우리 세대들이 대부분 그렇듯 입시를 위한 수학만 교육받았죠. 그런 아쉬움 때문에 저는 아이에게 수학의 아름다움을 느끼게 해주고 싶어서 어린 시절부터 많은 경험을 하게 해주려고 노력했어요.

수학과 관련된 체험전, 전시회들을 많이 다녔고요, 아이와 여러 종류의 보드게임도 많이 했고, 블럭이며 퍼즐이며 큐브며 아이가 조금이라도 관심 있어 하면 팍팍 밀어주었어요. ^^

그래서인지 아이는 수학을 좋아하는 아이로 자랐고, 켐오(KMO, 한국수학 올림피아드) 공부하면서 새로운 세상을 본 것 같다며 흥미로워했어요. 수학을 통해 길러진 이해력, 논리력, 사고력, 자기통제력, 도덕성 등이 살아가는 동안 아이에게 평생의 자산이 될 거라는 것을 믿어 의심치 않아요.

'인격을 높이는 인문학'이라는 말씀에 전적으로 동의합니다.

좋은 글 감사드립니다.

실제로 수학 전공했는데 정말 과에서 10% 정도는 낙오했어요. 수학 가장 좋아해서 진학했는데 막상 밥 먹고 증명만 하며 살다 보니 그냥 안 맞는 학문이라고 다른 과로 접목시키거나 전향하더라고요.

증명에 있어 남다른 수학적 직관력이 영민한 사람도 몇 명 있었고요.

하지만 그런 수학 머리 영재성 소유자가 과탑은 아니더라고요. 수학 전공하며 이걸 일상 어디에 써도 수학적 언어와 논리는 녹아들겠다는 걸 깨달았답니다. 써주신 글 보며 공감 또 공감해요. ^^
아이도 수학만큼 정직하고 깔끔하고 매력적인 학문이 없다는 걸 느끼게 해주고 있어요. ㅎㅎ

수학 전공자로서 너무나 공감하며 읽었습니다. 대학 가서 저도 똑같이 그렇게 느꼈었어요. 고등학교 때까지는 수학문제 푸는 것을 공부라고 생각하지 않고 즐기던 저였는데, 맨날 증명하고 이론 배우고 하다 보니 흥미를 좀 잃기도 했었던 거 같아요. 그렇지만 수학만큼 매력적인 학문은 없다고 생각합니다. 아이들이 수학을 즐기면 좋을 텐데 현실은 문제풀이와 암기 훈련을 하는 아이들이 많은 거 같아서 많이 안타까워요.

18 '메타인지'를 방해하는
사회에서 잘 사는 방법

솔직하게 인정하고 당당하게 맞서라!

15년쯤 전 미국 보스톤에 해외 주재원으로 가 있을 때 이야기다. 회사가 보스톤 시내 케임브리지 근처에 위치하고 있어서 이웃에 있는 매사추세츠 공대(MIT) 미디어랩과 함께 협력 프로젝트를 하면서 자연스레 한국에서 유학 온 학생들을 만나게 되었다. 주로 과학고를 졸업하고 유학을 왔거나, 서울대, 카이스트나 포스텍 등에서 학부를 마치고 유학 온 영리하고 똑똑한 재원들이었다.

나의 역할은 MIT 미디어랩과의 R&D 협업 책임자였지만 어려운 얘기는 생략하고…. 그냥 형편이 좋지 않은 유학생 아이들 따뜻한 밥 사주는 역할이었다. 그냥 "밥 잘 사주는 동네 형" 뭐 이 정도였다고 생각하면 좋을 것 같다.

당시 유학생들과 많은 시간을 보내면서, 한국에서 공부하는 학생들과 다른 점이 좀 있었는데 그중에서 가장 눈에 띄는 것은 "밝고 솔직한 눈빛"(눈에 총기가 가득)과 "남들 눈치 안 보는 자신감과 당당함"(질문할 때), 특히 "할 말에 대해서는 정중한 어투로 꼭 하는" 그런 점이었던 걸로 기억한다.

어느 날 내가 학생들과 저녁 먹으면서 "여기(미국)에서 외국 학생들과 같이 공부하면서 가장 크게 배우고 느낀 점이 뭘까?"라는 질문에 학생들은 학과 공부 관련은 크게 다른 것이 없지만 "한국에서는 너무 완벽해야 한다는 강박을 은연중에 계속 받아야 했는데, 여기 와서는 나 자신에 대해서 다시 돌아보고, 내가 진짜로 원하는 게 뭔지, 또 남들보다 내가 잘하는 게 뭔지를 알게 되었다는 것에 큰 의미가 있다"라고 답을 들은 적이 있다.

그러면서 "한국에서 공부할 때는 '엄친아', '영재', '모범생'이라는 허울 좋은 가면을 쓰고 거기에 기대치만큼 해야 한다는 강박에 시달려 스트레스도 많았는데, 여기에서는 오직 나를 올바르게 객관화할 수 있는 분위기여서 자신감 있게 공부에 더 집중할 수 있는 것 같다"라고 말하며 "특히 남들 눈치 보지 않고 나에 대한 자존감을 가지고 공동 프로젝트와 협업이 꼭 필요한 '미디어랩'에서 즐겁게 공부하고 있다"고 하며 밝은 웃음으로 답을 했던 것으로 기억한다.

벌써 15년도 더 된 이야기이니 학생들은 이미 미국 어느 대학에서 교수를 하고 있거나, 창업해서 CEO가 되었거나, 미국 국가연구소 등에서 열심히 능력 발휘를 하고 있을 거라 생각된다.

요즘 들어 여러 뉴스를 보면서 '왜 사람들은 저렇게 자기객관화를 못하지?' '역지사지로 생각해보면 쉽게 풀릴 일인데…'라는 혼잣말을 많이 하는 것 같다.

젠더갈등, 세대갈등 그리고 각종 갑질 문화, 사소한 실수 하나도 용납되지 않는 사회 분위기 등등 사회적으로 많은 갈등이 일어나고 있는 세태를 보면서 이미 유행이 한참 지나긴 했지만, 소위 '메타인지'에 대하여 이야기를 해보고자 한다.

메타인지는 '내가 아는 것과 모르는 것을 구분할 수 있는 능력'이다. 다시 말해 '자기를 객관적으로 바라보는 능력'이라고도 할 수도 있겠다. 이미 지난 1970년대 발달심리학자인 존 플라벨에 의해 만들어진 용어로, 주로 아이들의 발달 연구를 통해 나온 개념이다.

아이들 교육이나 학습법 관련 관심이 있는 부모라면 미국 컬럼비아대학교 심리학 교수 리사 손 교수의 『임포스터』라는 책을 읽어 본 사람이 있을 것이다. 아직 모른다면 꼭 찾아서 읽어 보기 바란다. 그녀의 책 『메타인지 학습법』과 함께 메타인지 관련 학부모들의 필독서라고 생각한다.

책의 내용을 간단히 요약하자면 '나를 있는 그대로 아는 힘'이 '메타인지'이고 이것을 실현하기 위한 두 가지 단계가 있는데, 내가 가진 지식에 대해 스스로 평가하는 '모니터링'과 그것의 실현을 위한 학습 방법을 설정하는 '컨트롤'이 그것이다. 다시 말해 모니터링은 내가 이것을 '잘 알고 있나? 혹시 모르고 있나?'를 정확하게 파악하는 것이고, 컨트롤은 모니터링의 결괏값에 대해서 어떤 행동을 할 것인가를 결정하는 것으로 풀이된다.

그런데 대부분의 사람들은 내 무능함이 들통날 것에 대한 두려움이나 실수, 실패에 대한 공포나 압박 등으로 인해 애써 괜찮다는 일종의 '가면(임포스터)'을 쓰면서 메타인지의 첫 단계인 '모니터링' 단계에도 진입하지 못하고 있다고 그녀는 말했다.

이럴 때 나타나는 현상으로 타인의 평가를 두려워하고, 자신의 능력을 평가절하고, 혹은 반대로 완벽주의자가 되기도 하고, 실수나 실패를 두려워하고, 성공도 또한 두려워하게 된다고 했다.

책에서 우리 아이들의 메타인지 능력을 향상시키기 위해 부모가 실천하는 방법으로는 "시험을 본 후 아이가 스스로 채점하게 하라", "칭찬을 할 때 결과뿐 아니라 스스로 노력한 과정에 대해서도 칭찬하라", "혹시 가면 뒤의 모습을 들켰을 때 그 모습 그대로를 사랑한다고 말해주자." 정도로 제안해 주었다. 인지심리학 최고의 권위자답게 간결하고 정확한 조언이 확 와 닿는 책이었다.

그럼, 다시 본론으로 돌아와서 일상생활에서의 우리 아이들을 한번 유심히 관찰해보자. 쉽게 상처받는 아이, 남 눈치 많이 보는 아이, 쉽게 포기하는 아이, 실패에 두려움이 많은 아이, 칭찬에도 지나치게 겸손한 아이, 해야 할 때도 싫은 소리 못하는 아이, 사소한 문제에 민감하게 반응하는 아이, 유난히 자존감이 낮은 아이가 바로 우리 아이들이라면은 당장에 공부도 공부지만 뭔가 근본적인 대책이 필요해 보인다. 아마도 이것은 '메타인지' 능력이 부족해서 일 것이다.

'메타인지'가 잘 안되는 학생의 경우 학업 성취도는 물론이거니와 나중에 사회생활, 직장생활 할 때도 적응을 하기 쉽지 않은 상황이 올 수 있다. 다시 말해 '메타인지'는 학창시절에만 길러야 하는 능력이 아니라 오히려 사회에서, 공동체와 더불어 생활할 때 더욱더 필요한 능력이자,

소양인 것이다.

난 직장생활 30년 가까이 하면서 일 잘하고 인정받는 직원(일잘러)을 많이 보아왔다. 그들에게는 한 가지 공통점이 있다. 보통은 주어진 일을 아무 생각 없이 기계적으로 계획 없이 그냥 대충하는 반면, 이른바 '일잘러'는 업무의 목적과 절차, 또 상황과 맥락을 잘 파악하고 이를 위해 어떤 솔루션이 최적인가에 대한 생각도 동시에 가지고 일을 처리한다.

그래서 당연히 성과가 좋을 수밖에 없다. 쉽게 말해 일을 함에 있어 자신의 능력을 객관화하여 정확하게 판단하고 거기에 맞는 합리적인 대안을 마련해서 여러 상황에 맞게 잘 대응하기 때문이다. 윗분들은 줄여서 '일머리가 있다'라고들 한다.

『메타인지, 생각의 기술(오봉근 저)』이라는 책에서는 특히 다가오는 인공지능(AI)시대에 인간이 기계보다 우위를 점할 수 있는 유일한 능력이 바로 '메타인지'이며, 내가 무엇을 알고, 무엇을 모르는지에 대해 아는 것부터 시작하여, 자신이 모르는 부분을 보완하기 위해 계획을 세우고 실제 보완해 가는 과정을 거쳐 미래를 향해 크게 성장하는 마인드 셋이 중요하다고 거듭 강조하고 있다.

사람들이 메타인지의 중요성을 설명하면서 고대 희랍 철학의 아버지 '소크라테스'와 동양철학의 최고봉인 '공자'의 이야기를 하곤 한다.

소크라테스가 델포이 신전의 문구를 인용해 말했다는 '너 자신을 알라'라는 유명한 말이 있다. 즉 쉽게 말하면 '어설프게 아는 거로 아는 척하지 말고, 모르면 모른다고 인정해라'라고 풀이된다.

공자는 知之爲知之 不知爲不知 是知也(지지위지지 부지위부지 시지야), 즉 '아는 것을 안다고 하고 모르는 것을 모른다고 하는 것, 그것이 곧 앎이다'라고 했다.

그러나 난 동서양 최고의 위대한 철학자들의 말들을 좀 폭넓게 발전적으로 이해하려고 한다. 다시 말하자면 성현들의 이 말은 "완벽하지 않은 자신을 인정하고 거기에 머물러 있어라", "너 주제를 알고 분수를 알고 처신하라"라는 소극적인 의미가 아니라고 생각한다. 나의 해석은 두 격언 모두 "그대로 인정하는 것에 머물지 말고 더 많은 것을 배우려는 용기를 내서 한 발짝 앞으로 나아가라"는 의미라고 본다.

즉 자신이 아직 완벽하지는 않지만 그런데도 자신을 드러낼 수 있는 용기와 실행력이 바로 제대로 된 의미에서의 '메타인지'가 아닐까 한다.

그럼 과연 이렇게도 중요한 '메타인지'를 우리 아이들이 키울 수 있도록 하는 방법이 무엇일까? 스스로 인정하고 자기객관화를 잘하는 법, 그리고 용기를 내어 한 발 앞으로 나아가는 법 2가지로 분류해서 적용해보자.

첫째, 엄마 아빠들은 조바심을 버리고 아이들이 많이 실수하고 실패할 수 있게 여지를 두었으면 한다. 그리고 그 실수와 실패의 경험을 새로운 도전의 계기로 삼을 수 있도록 다그치지 말고 느긋하게 옆에서 시간을 두고 지켜봐 주어야 한다.

아이들이 조금만 실수해도 바로 해답을 주어서(엄마 아빠는 그게 너무

쉽기 때문에) 답을 강요해 버리면, 아이들은 더 이상 사고의 틀을 확장하지 않고 거기에 만족해 버린다. 그럼 사고의 전환이나 창의력 발전은 없을 수밖에 없다. 싹을 잘라버리는 짓이다.

일부 엄마들은 빨간 펜을 들고 문제 낸 후 기다렸다는 듯이 찍찍 긋고 "이건 이래서 틀리고 그래서 요것이 정답이야 알았지?" 하고 있다. 별로 좋은 방법이 아니다.

아이들 스스로 왜 틀렸는지 답을 찾도록 해보자. 그리고 오답에 대해서 다양한 고찰을 통해 무엇이 문제였으며 해결방안은 무엇인가를 아이가 혼자 할 수 있도록 잠시 시간을 주자. 여유 있게 기다림의 미학으로.

둘째, 아이들을 칭찬할 때 지능이 아닌 노력을 칭찬하여야 한다. 칭찬도 다 같은 칭찬이 아니다. 앞선 글에서 엄마들에게 아이들 칭찬하고 또 칭찬하라고 말한 적이 있지만, 칭찬에도 반드시 전략이 필요하다. 그래서 그만큼 어려운 게 제대로 된 칭찬이다. 한 번에 끝나는 소모적인 칭찬이 아니라 건설적인 칭찬이 되어야 하기 때문이다.

만약 아이가 "나 이번에 공부 하나도 안 했어. 그래서 이번 기말시험을 망칠 것 같아"라고 하며 자신의 노력을 자꾸 숨기고 싶어 하는 경우가 있다고 하자. 풀어서 해석해 본다면 혹시 결과가 안 좋을까 봐 두려워서 아예 시도조차도 안 하려고 하는 것이다.

이럴 때는 지능을 칭찬하는 말, 예를 들면, "너처럼 머리 좋은 애가 공부 좀 안 한다고 시험 망치겠어? 잘 할 거야!", "넌 영재니까"라는 말보다는 과정을 칭찬을 해주는 말 즉 "너 생일 때도 친구들과 나가서 놀지도 않고 시험 준비하느라 고생했는데, 그 노력에 따른 보상으로 분명히 좋은 결과 있을 거야. 틀림없어" 하면서 다독여 주는 것이 좋다. 리사 손 교수도 비슷한 해법을 제시해주고 있다.

메타인지 자체가 학업 성취도와 직접적으로 영향이 있다는 것은 아직은 과학적, 통계학적 근거가 부족할 수도 있다. 다만 메타인지가 중요한 이유는 아이들이 공부를 더 효율적으로 또 재밌게, 자기 주도적인 흥미를 가지고 할 수 있기 때문이다.

메타인지가 잘 되는 아이들은 스스로 무엇을 얼마만큼 알고 또 어디서부터는 모르는지 정확하게 인지하고 있기 때문에 더 알아야 할 부분과 더 노력해야 할 부분을 타겟팅 해서 집중한다. 그리고 이에 따라서 대응할 수 있는 계획을 세우고 차근차근 실행해 간다.

경기과학고, 카이스트 물리학 박사, 이후 『과학콘서트』라는 책을 쓴 뇌과학자 정재승 교수는 자신이 '메타인지'의 산증인이라고 스스로 얘기한다. 학부 때 유일하게 C 학점을 맞은 C언어에 대해서 남들이 알까 두렵기도 하고, 나름 영재라는 자존심에 스크래치가 나고 속된말로 쪽팔려서 C언어 등 컴퓨터 코딩과 담을 쌓을 수도 있었다. 하지만 그는 스스로의 한계를 인정하되, 반대로 용기를 내어 공부한 결과 '컴퓨팅 뇌과학분야'의 교수가 될 수 있었다는 일화를 방송에서 소개한 적이 있다.

그가 이공계 출신답지 않게 일반인들도 쉽게 과학적 지식을 일상에서 재밌게 습득할 수 있도록 여러 강연도 하고 책도 쓰는 능력이 아마도 이러한 '메타인지'에 기인한 것이 아닌가, 개인적으로 추론해 본다. 어려운 것을 알아듣기 쉽게 설명한다는 것이 보통 일이 아니기 때문이다.

거듭 강조하지만, 나의 부족함을 아는 것만으로는 메타인지가 아니고 거울에 나 자신을 비추어보고 '나의 능력을 믿고 스스로 용기 내는 것'이 포함되어 있다는 것을 명심하였으면 한다.

우리 엄마 아빠들도 스스로 자기 자신에게 자문해 보고 가면을 벗고 솔직하게 자신에게 편지를 한번 써보자. 그러면서 과연 아이들이 똑똑하고, 건강하고, 바르고, 행복한 아이로 자라날 수 있도록 하기 위해서는 정작 필요한 것이 무엇인지 깊이 고민을 해 봤으면 한다.

우리는 지금 혐오의 시대에 살고 있는 듯하다. 서로가 차별받고 있다는 피해의식이 난무하고, 각종 방송 언론 매체는 오히려 이것을 더 조장하고 있는 듯하다. 모두들 피해자 프레임에 갇혀서 서로를 이해하거나 배려하거나 포용하려 들지 않는다.

참 씁쓸하면서도 안타까운 현실이다. 우리의 이웃을 사랑하고 배려하고 포용하기 위해서는, 자기자신을 먼저 사랑하고 아끼고 귀하게 대해야 하는 진리를 우리는 매일매일 잊고 살고 있다. 나는 충분히 실수할 수 있는 사람이라는 마음으로 내 안의 약하고 미숙한 부분을 인정하고 내가 완벽하지 않은 것을 보여준다면 당연히 타인의 실수도 인정해 줄 수 있는 포용적인 사회가 될 것이다.

남의 자식에 관하여, 남이 쓴 책을 읽고, 교육 전문가들이 그들만의 사고의 틀 안에서 만든 동영상을 보는 것도 좋지만 자기 아이들을 이 세상 누구보다도 가장 잘 아는 사람은 바로 엄마 아빠가 아니겠는가? 그리고 한 걸음 더 나아가 언젠가 아이에게 "누가 널 가장 잘 알지?"라고 물을 때 아이들이 "내가 나를 가장 잘 알지" 하면서 웃을수 있는 날이 오면 더욱 좋겠다.

30·40 엄마 아빠들도 솔직하게 자기 자신을 한번 돌아보고 마음 한편에 방치했던 나 자신에 대한 사랑을 용기로 승화시켜 당당하게 세상에 맞서기 바란다. 아이들은 그 길을 따라갈 것이다.

★ 제 아이들도 쌍둥이인지라 알힘이 님이 올려주시는 글 더욱 정독하게 됩니다. 자제분들 훌륭하게 키우신 노하우 이렇게 후배 부모들을 위해 글로 써주셔서 정말 감사합니다.

★ 소크라테스가 한 말이 이제야 깊이 이해가 되네요. 너무나 좋은 글 잘 읽었습니다. 이 카페 가입한 지 얼마 안 되는데, 가입하기를 너무 잘했다는 생각이 드네요. 늘 알람 설정해서 잘 읽고 있어요!

★ 오늘 써주신 글은 부모이기 이전의 저 자신에 대해 생각해보라고 써주신 글로 먼저 와 닿네요. 감사합니다.

★ 너무나 제가 찾던 글이었습니다. 요즘 제가 너무나 관심 갖고 고민하고 있는 부분입니다. 진심으로 감사합니다. 계속 읽고 또 읽어 보겠습니다. 다시 한 번 감사드립니다.

19 30·40대 부모에게

전하는 단 하나의 인생 충고

그간 육아와 교육 입시 관련 열다섯 주제 정도로 아이들 키우는 엄마 아빠에게 전하고 싶은 다양한 이야기를 인생 선배로서 전달한 바 있다. 빈약한 내용이었지만 다룰 수 있는 주제는 거의 다 다룬 것 같아서 이제 마무리할 단계가 아닌가 하여 에필로그 형식으로 글을 써 본다.

미천하고 얄팍한 글에 고맙게도 천 개가 넘는 댓글을 달아 응원과 감사를 전하여 주신 분께 감사하다는 말을 전하며, 마지막으로 가장 중요한 한마디를 전하고자 한다.

바로 '행동'으로 옮기라는 말이다.

수많은 자기계발 서적, 유튜브에 나오는 육아 교육법, 학습법, 행복하기 위한 방법론, 인생을 바꾸는 책 등등, 우리 주변에 손만 뻗으면 닿을 수 있는 거리에 정보들은 너무나 방대하게 많다. 읽고 보고 하다 보면 다 맞는 말이다. 고개가 끄덕여지고, 감정이입이 되어 심지어 눈물도 나곤 한다. 마음속으로는 '아 그래 이거지. 이렇게 해야 되는 게 맞지' 하면서 저절로 맞장구를 치게 되는 수많은 좋은 말들과 글들과 경구들이 널려 있다.

그런데 왜? 우리의 삶은 변하지 않는 걸까? 아니 오히려 날이 갈수록 후퇴하고, 각박해지고, 힘들어지고 하는 걸까?

그건 바로 우리가 아무것도 하지 않기 때문이다.

"아무 일도 하지 않으면 아무것도 일어나지 않는다"라고 나도 몇 차례 얘기했다.

"내가 얼마나 하는 일이 많은데 하지 않는다고 하느냐?"라고 반문하는 사람이 있을 수 있다. 내 말의 의미는 일상생활에서 쳇바퀴 돌 듯하던 일이 아니라 뭔가 '발전적이고 건설적이며, 생산적인 일'을 추가해서 하는 것이다.

'노력'이라는 말은 일상생활을 똑같이 하는 노력이 아니고 '새롭고 도전적인 일을 추가해서 하는 것이' 진정한 의미에서의 '노력'이다.

그간 수많은 댓글에도 "다 아는 얘기인데 왜 이렇게 실천이 어려운지" 하면서 자책하거나 한탄하는 글을 많이 보았다. 그렇게 '실천'이라는 것은 생각보다 쉽지 않다.

비폭력 무저항으로 인도의 정신적 지주라고 하는 마하트마 간디의 일화가 있다. 어떤 엄마가 찾아와 말하길 "아이가 설탕만 좋아해서 걱정이니 좀 적게 먹으라고 타일러 달라"고 말했다. 유명하고 존경스러운 어른이 말하면 아이도 수긍할 것이라고 말이다. 그런데 간디는 3주 뒤에 다시 오라는 말만 하였고, 의아해했지만 다시 3주 후에 찾아온 엄마에게 간디는 이렇게 말한다. "솔직히 저도 설탕을 좋아하는데. 정말로 제가 노력해서 설탕을 줄일 수 있는지 3주 정도 몸소 실천해보니 실제 가능할 것 같아서 이제 아이한테 말해 주려 한다"고 말하였다.

여러 책에도 인용되는 이 일화는 사소한 '설탕 줄이기' 하나에도 많은 시간의 노력과 각오와 스스로 실천이 필요하다는 것을 말하여 준다.

독서를 하루 100권을 하더라도, 최고의 명강사에게 명강의를 듣더라도, 그 아무리 멋진 인사이트를 받았더라도, 이것을 체화해서 몸소 행동하고 실천하지 못하면, 그냥 아무것도 아닌 것이다. 오히려 시간 낭비, 돈 낭비, 정력 낭비가 될 수도 있다.

특히 요즘과 같이 교육 입시 관련 콘텐츠들이 범람하고 있는 상황에서 자기중심 없이 이리저리 휘둘리다 보면 정작 본인 아이들에게 맞는 제대로 된 교육 방침을 잡기에는 오히려 더욱더 어려운 환경임이 분명하다.

그런데도, 학계에서 최고의 자리에 오른 저명한 학자들, 혁신을 통해 경제 발전에 기여한 기업가들, 경제적 자유를 넘어 그 성과를 사회에 환원하고, 봉사하는 수많은 성공한 부자들, 어떤 분야에 최고의 두각을 낸 출중한 스포츠인, 문화 예술인 등등 모든 사람들의 전기를 보면 다 같이 하는 말이 있다. 바로 꿈을 꾸고 비전을 세우고 목표를 정하고 이것을 위해 "행동하고 실천하였다"이다. 어떤 목표를 이루는 데 재능과 노력만으로는 충분하지 않다는 것은 다 알고 있는 사실이다.

'운칠기삼'이라는 말이 있듯이 인생의 성공에 있어 소위 '행운'도 따라야 한다고 생각한다. 그런데 그 '행운'이라는 것이 어디서 오는가 생각을 해보자. '해 봤자 소용없어. 그건 안 돼'라고 하면서 곧바로 판단해버리고 행동하지 않은 사람과 '일단은 한번 해보자, 적어도 단 한 단계라도 도약할 수 있다면 어제의 나보다는 나아지겠지' 하면서 실천하는 사람이 있다고 할 때 '행운의 여신'은 과연 누구 편에 서게 될까?

더 나쁜 것은 행동하지 않는 사람은 자신을 위로 하며, "내가 행동하지 않았으니 난 크게 실패한 게 아니야"라고 말한다. 그러나 난 "행동하지 않은 것 자체가 이미 실패이다"라고 확신한다.

오늘도 아빠들은 열심히 출근해서 직장에 쌓여 있는 업무를 하느라 눈코 뜰 새 없이 바쁘고, 거래처 사람과 미팅하며 기분도 맞춰 줘야 하고, 보고서 쓰면서 직장상사의 눈치도 봐야 하고, 퇴근해서도 잔업에 스트레스 때문에 제대로 쉬지도 못하는 일상의 반복일 것이다.

가정을 챙기는 엄마는 자는 아이들 깨우느라, 학교준비물 챙기느라, 아침밥 먹이느라. 분주하게 하루를 시작하고, 아이들 등교 후 끝없이 반복되는 집안일 등으로 입에서 단내가 날 때까지 일하다가 학원 라이드에 장보기, 또 남편 귀가하면 따뜻한 밥이라도 챙겨줘야 하니 저녁 준비하고 설거지 등을 하고 나면 하루가 어떻게 지나는지 모르게 훌쩍 가버린다. 일하는 엄마들은 일과 가정을 다 챙기느라 설명이 필요 없을 정도로 이미 녹초가 되어서 집에서는 아무것도 할 수가 없을 것이다.

30·40대 보통 엄마 아빠들의 일반적인 생활이 이렇다 보니, 아이와 같이 책 읽을 시간도 없고, 아이들 교육 입시 관련해서 좋은 강연을 들을 시간은 더더욱 없고, 유튜브 정도 보면서 아이들 육아나 교육에 관심을 좀 가지려고 하는데 이마저도 쉽지 않을 것이다.

아이들과 여행하라, 캠핑하라, 독서하라, 아이에게 책 읽어주어라, 함께 운동하라, 같이 진심을 가지고 대화하라, 일기 쓰게 하라, 꼭 안아줘라, 눈을 마주치고 따뜻한 인사를 나눠라, 사랑한다고 말하라, 격려해 주어라, 칭찬하고 또 칭찬하라 등등등. 아이들을 위해서 하고 싶고 또 해야 할 일은 수없이 많은데, 이걸 어떻게 실천에 옮길지 막막하기만 할 것이다.

10년 전에 나도 그랬다. 똑같이 어렵고 똑같이 힘들고 지쳐 있었다.

그러나 누구한테 어떤 경로로 들었는지 기억이 어렴풋이 나지는 않지만, 난 딱 하나의 생각만 하면서 작으나마 실천해보기로 했다. 그것은 바로 "그 사람의 아침부터 밤까지 하루의 일과가 곧 그 사람 전체 인생을 그대로 반복하는 것과 같은 것이다"라는 말이었다.

다시 말해서 "인간은 하루하루를 살아가는 것처럼 평생을 살아간다"라는 말이다. 이 얼마나 무섭고도 엄중한 말이란 말인가? 그 말을 듣던 당시 난 머리를 망치로 크게 한 대 맞은 느낌이었다. 그런데 과거를 돌이켜 보면 이런 무섭도록 엄중한 말이 '맞는 말'이었다는 것이 더 소름 끼치는 일이었다.

나는 이 무섭고 엄중한 말을 지금도 풀어서 활용하고 있다. "오늘 지금 이 시각 내가 하고 있는 말, 일, 행동 하나하나가 쌓여서 내일의 태양이 뜨면 아주 작은 손톱만큼이라도 영향을 미쳐 어제보다 조금은 나아지는 나를 맞이한다"라고 자기 암시를 하면서 산다.

내가 좋아하는 동네 형 같은 기형도 시인은 그의 시에서 이렇게 얘기한다. "성경에 밑줄을 긋지 말고 우리의 삶과 생활에 밑줄을 그어라." 다시 말해 금과옥조 같은 말도 결국 일상에서의 실천이 더 중요함을 강조한 시구인 듯하다.

남들 눈치 볼 것도 없고, 남들이 만든 정답의 틀에 내 것을 맞출 필요도 전혀 없다. 남들의 페이스에 말려서 지치고 힘들어질 이유는 더더욱 없다. 어제보다 더, 단 0.00001 만큼이라도 무언가 좋아지고 발전되고 자라난 나를 만나는 일이 얼마나 보람있는 일인가? 이것만 생각하면서 작은 실천이라도 하나둘씩 시작해 보면 좋을 것 같다.

『당신은 결국 무엇이든 해내는 사람』이라는 책에서 김상현 작가는 이렇게 말한다.

"하루를 살아간다는 것은 오늘뿐만 아니라 미래의 오늘까지 함께 살아가는 것입니다."

"지금 내가 아무것도 안 해 놓았다면 미래의 오늘 역시 똑같은 하루를 보내게 될 테지만, 오늘 무언가를 열심히 해냈다면, 그 무언가는 미래의 오늘에 어떤 모습으로든 존재하고 있을 것입니다. 그러니, 당신의 오늘을 믿는 것부터 시작됩니다."

오늘 하루는 어떻게 보냈는가? 지금 이 순간은 우리가 지배할 수 있는 유일한 시간이다. 엄마 아빠 모두 오늘 지금 현재에 집중하고 현재를 즐겼으면 좋겠다. "잘사는 오늘은 모든 어제를 행복의 꿈으로 만들고 모든 내일을 희망의 비전으로 만든다"고 하지 않았던가.

"시작이 반"이라고 했다. 이 말은 시작하는 것은 이미 힘들게 어렵게 절반 정도의 실천을 확보해 놓았다는 긍적적 의미로 해석해야 한다. 시작을 하면 즉석에서 바로 50%가 내 것이니 이 얼마나 남는 장사인가?

모든 엄마 아빠들을 진심으로 응원하면서 나의 마지막 글을 마친다.

⭐

매일 매시간 매분 매초, 행동하는 사람이 돼야겠습니다. 조금이라도 저와 가족의 미래를 긍정적으로 바꾸고 싶어요. 좋은 글 감사합니다.

⭐

인생의 지혜를 나눠주셔서 감사합니다.
능동적으로 노력하며 하루하루 지내야겠어요.

⭐

정신 들게 하는 글이네요. 좋은 글 감사해요. 아이 키우신 선배님들 글을 통해 매번 겪는 시행착오를 조금이라도 줄여야 하는데 행동이 참 어렵네요.

⭐

카페에 올라온 글들을 거의 대부분 읽은 것 같아요. 글을 너무 잘 쓰셔서 이분은 어떤 일을 하시는 분이실까 생각이 늘 들곤 하더라구요. 직업은 가늠을 못 해도 글에서 묻어나는 필력에 늘 감동을 받곤 합니다. 좋은 글 남겨주시니 공감되어 다시금 인생을 되새겨 보게 되고, 또 인생을 배우곤 합니다. 소중한 시간 내시어 좋은 글들 읽게 해주셔서 감사합니다.

마무리하시니 아쉽네요. 그동안 좋은 글 잘 읽었습니다.

특히 쌍둥이 아빠의 입장이시라서 남편에게도 공유할 수 있어서 좋았습니다.

'하루의 일과가 그 사람 전체 인생을 그대로 반복하는 것과 같다.'

'행동하고 실천하라.'

'행동하지 않은 것이 실패한 것이다.'

'노력이란 새롭고 도전적인 일을 추가해서 하는 것이다.'

마음에 새기고 실천해야겠습니다. 감사합니다!

쌍둥이를 영재학교와 서울대에 보낸 '엄마'가 글을 마무리합니다.

이 세상의 모든 사람들은 모두 자신만의 고유한 개성을 가지고 있다. 어린아이들도 마찬가지이다. 그러기에 아이를 키우며 어떤 양육 방법이 정답이라고 말할 수도 없고 우리 부부가 아이를 키운 방법이 특히 맞는 방법이라고 내세울 수도 없다. 하지만 먼저 아이를 키워 본 선배로서, 특히 아들둘 쌍둥이를 키워 본 선배로서 해야 할 일은 제쳐놓고 사소한 일이나 놀기에만 매달리는 장난꾸러기 아들을 잘 키워보고자 하는 부모님들에게 한번쯤 가볍게 흘려들을 만한 그런 경험담을 들려주고 싶었다.

며칠 전 어느덧 이십 대 중반이 되고 있는 아들들을 보며 문득 이런 생각이 들었다.

'초등학생 때는 초등학생답게, 중고등학생 때에는 중고등학생답게, 지금 스무 살 청년으로서는 역시 청년답게 잘 커 주었구나.'

현재 한 아이는 군 복무를 마치고 마지막 학기 복학 중이고, 한 아이는 작년에 대학원에 진학해 대학원생으로 살고 있다. 두 아이의 가는 길은 서로 다르지만 공통점은 미래에 대해 '어떻게 살아야 할 것인가'를 고민하고 있다는 것이다. 그리고 행동으로 옮기려 노력하고 있다는 것이다.

지금보니 무척 대견하지만 이 아이들을 키울 때는 나 역시 기특하고 대견하다는 마음보다는 걱정과 염려가 앞서는 엄마였다. 아마도 나는 그때그때 아이의 성장을 지켜봐 주기보다는 '교육'이라는 이름 아래 초등학교 때에는 중학교를 걱정하고, 중학교 때에는 고등학교 생활을 걱정하는 엄마였기 때문일 것이다.

우리 아이들은 초등학교 4학년 때 일 년 동안 영어학원을 다닌 것 빼고는 초등 시절 학원에 다니지 않고 열심히 놀았다. 그러다 옆집 아이가 6학년 때 중등 수학을 배운다느니 무슨 경시대회에서 상을 탔다느니 하면 자연스레 우리 아이들을 보며 한숨부터 나왔었다. 또 일상생활이 정돈되어 있지 못하여 중학교 가서까지 수행평가 놓치고, 체육복 등 자기 물건 잃어버리고 다니는 것을 보면서 꼼꼼하게 자기 스케줄 관리하는 옆집 아이가 그렇게 부러울 수가 없었다. 하지만 그래도 흔들리지 않을 수 있었던 것은 남편과 계속 아이들에 대해 이야기를 해 오며 같은 마음으로 같이 키웠기 때문이다.

우리 아이들은 어릴 적 자기들 노는 것에만 정신이 팔려 다른 일에는, 특히 엄마가 중요하게 생각하는 일에는 소홀했다. 지금 생각하니 아예 본인들이 중요하지 않다고 생각하는 것에는 관심이 없었던 것 같다. 이런 아이들을 글이 아닌 생활 속에서 옆에서 지켜보면 엄마인 나로서는 한숨이 절로 나올 수밖에 없다. 그래서 퇴근한 남편을 붙잡고 하소연을 하면 남편은 여자인 엄마가 이해하기는 힘들겠지만 남자인 자기가 보기에는 지극히 정상이라며 나의 흔들리는 마음을 계속 붙잡아 주었다.

퇴근이 늦은 평일에는 아빠가 아이들과 함께할 시간이 거의 없었지만 주말에는 회사에서 오는 전화도 멀리하고 아이들과 함께 몸으로 놀아주었다. 이렇게 아빠와 운동, 등산, 캠핑 등을 함께 하며 우리 아이들은 초등학교 시절 엄마의 끝없는 잔소리를 이겨내고, 때론 무시하며 밝게 자랄 수 있었던 것 같다.

물론 엄마로서 나도 학원을 안 보내는 대신 초등 고학년 때부터는 매일 조금씩 책상 앞에 앉아 있는 습관을 키워주려 노력했었다. 그래서 아이들과 '책 읽기 30분, 영어 듣기 10분, 수학 문제집 한 장 풀기' 등의 규칙을 만들어 매일 실천하려고 노력했다. 그리고 그때의 습관이 중학교 진학 후 영재고를 가려고 마음먹었을 때 큰 뒷받침이 되었다고 믿는다.

하루하루 아이들에게 꾸준함을 가르치던 그 시절에는 엄마의 수없는 가르침은 흘려들으면서 아빠의 한 마디에 정신을 번쩍 차리는 아이들에게 서운하기도 했다. 하지만 지나고 보니 엄마인 나는 주로 한 그루 한 그루의 나무를 아름답게 가꾸려 노력했다면 아빠인 남편은 전체적인 숲을 보며 아이들을 키웠던 것 같다.

다시 말하지만 아이들을 잘 키우는 데에는 정답이 없다. 하지만 우리 부부가 아들 둘을 키우면서 찾은 방법은 부부가 같이 키워야 한다는 것이다. 엄마와 아빠가 아이를 대하는 관점이 서로 다르고 역할이 다르기에 아이들에게는 엄마, 아빠가 다 필요하다.

아들에게 아빠는 같이 놀 수 있는 더없이 좋은 친구이고 마음을 이해해 주는 사람이고 앞길을 비춰주는 길라잡이가 될 수 있다. 딸에게도 마찬가지일 것이다. 그리고 이런 역할을 해 줄 수 있는 시기는 길어야 중학생 정

영재학교, 서울대예간 쌍둥이와 아빠표 교육

도까지라고 생각한다. 늦어도 중학교 전까지 아빠의 자리를 아이들 마음 속에 심어놓지 않으면 그 이후에는 몇 배의 노력이 필요하다. 그러나 안타 깝게도 우리나라에서는 아직도 많은 가정에서 자녀 양육은 엄마 몫이 더 크다고 생각하기에 남편이 자신의 교육 철학을 정리해 보고 싶다고 했을 때 아낌없는 지지와 응원을 보내 줄 수 있었다.

이 책은 훌륭한 교육 철학이나 교육 방법을 제시하는 것은 아니지만 평 범한 한 아빠가 나름의 소신을 가지고 아이들을 길러낸 방법을 편안하게 쓴 책이니 또 다른 평범한 아빠(엄마)의 마음에 다가가 자신의 교육 방법 을 찾아내는 데에 조금이나마 도움이 되었으면 한다.

2024년 2월

쌍둥이 엄마

영재학교, 서울대에간 쌍둥이와 아빠표 교육

펴낸날 2024년 2월 22일

지은이 알힘이
펴낸이 주계수 | **편집책임** 이슬기 | **꾸민이** 최송아

펴낸곳 밥북 | **출판등록** 제 2014-000085 호
주소 서울시 마포구 양화로7길 47 상훈빌딩 2층
전화 02-6925-0370 | **팩스** 02-6925-0380
홈페이지 www.bobbook.co.kr | **이메일** bobbook@hanmail.net

© 알힘이, 2024.
ISBN 979-11-5858-330-9 (03190)

※ 이 책은 저작권법에 따라 보호받는 저작물이므로 무단전재와 복제를 금합니다.